LE TUMULTE

ŒUVRES DE HUBERT DE LUZE

Aux Éditions Loris Talmart

LITTÉRATURE

AVENTURES INTELLECTUELLES

INCOMPRÉHENSIONS

LE RÉVEIL, *paralogue*
LES FACETTES ET LE PRISME, *paralogue*
L'ÉTONNEMENT, *roman*

MALENTENDUS

AMOURS, DÉLICES..., *divertissement cynique sur les 3 modes*
COMBAT AVEC L'OMBRE, *comédie dramatique en 7 tableaux*
L'INDEXICALITÉ, *roman*

MÉTAMORPHOSES

UN, PLUSIEURS, *roman*
MULTIPLE, *poèmes*
QUI ?, *comédie dramatique*

RENONCEMENTS

LE PACTE, *conte en 7 tableaux*
TU NE TE BAIGNERAS JAMAIS DEUX FOIS DANS LE MÊME FLEUVE, *roman*

DIVAGATIONS

MIRAGES, *nouvelles*
LE JEUNE HOMME QUI VOULAIT ÊTRE DIEU, *pièce en 5 actes*

RUMINATIONS

VARIATIONS SARCASTIQUES, *pensers soudains, divers et contestables*
8760 HEURES, *journal d'une année quelconque*

ANTHROPOLOGIE

LA SCIENCE DE L'HOMME, *esquisse panoramique d'une grande aventure intellectuelle à l'usage de ceux qui n'en ont qu'une idée vague*
ETHNOMÉTHODOLOGIE, MORALE ET GRAMMAIRES GÉNÉRATIVES DES MŒURS, *itinéraire d'une réflexion*
REGARD SUR UNE MORALE ONDULATOIRE, *enquête chez les sauvages du IVe arrondissement et plus particulièrement de l'île du Marais*
LE CERTAIN ET LE PRÉCAIRE, *essai*

MUSIQUE

MUSIQUE DE SCÈNE POUR COMBAT AVEC L'OMBRE, *suite pour piano*
MUSIQUE DE SCÈNE POUR QUI ?, *suite pour piano*
CHANT DE PEUR ET D'ORGUEIL, *marche funèbre pour trompette et orchestre*
CONCERTO ROMANTIQUE, *pour piano et orchestre*
SYMPHONIE LYRIQUE, *pour orchestre et mezzo-soprano*
DIVAGATIONS, *concertino pour violon et orchestre*
CLAIRS DE LUNE, *3 lieder pour mezzo-soprano et orchestre*
REMORDS, *solo de concert pour harpe*
SONATE, *pour piano*

Aux Éditions Anthropos

L'ETHNOMÉTHODOLOGIE, *collection poche ethno-sociologie*
LE MOMENT DE LA CRÉATION, *correspondance 1999-2000 avec Remi Hess*

Aux Éditions Gérard Billaudot

MÉANDRES, *pièce pour flûte et harpe*

HUBERT DE LUZE

LE TUMULTE

Pièce en 4 actes

ÉDITIONS LORIS TALMART
22, rue du Cloître Saint-Merri
75004 PARIS

Insensé qui met son espérance dans les hommes.

Thomas a Kempis

PERSONNAGES

M. Daubignon	*65 ans, industriel, veuf*
Georges	*son fils, 23 ans*
Le docteur Nizard	*généraliste, 55 ans*
Nadia	*27 ans, amie de Georges*
Solange	*26 ans, sœur de Georges*
Mme Rougier	*55 ans, gouvernante de la maison*

Un salon cossu dans la maison de M. Daubignon.
À Roubaix. De nos jours, l'hiver.

ACTE I

Un dimanche après-midi à 5 heures

SCÈNE 1

Solange, Mme Rougier

SOLANGE : Pourquoi papa ne rentre-t-il pas ? Je rirais bien, moi, s'il rentrait tout à coup. Oui, je rirais bien. Je me tordrais de rire. Comme ça. (*Elle se force à rire nerveusement.*) Vous ne savez pas à quelle heure il doit rentrer ?

MME ROUGIER : Il n'est que cinq heures. Vous savez bien que Monsieur Daubignon rentre toujours à six heures, le dimanche.

SOLANGE : C'est bien dommage. Oui, c'est bien dommage. (*Elle écoute.*) Qu'est-ce qu'ils ont à rire comme ça ? Qu'est-ce qu'ils font là-haut, tous les deux ?

MME ROUGIER : Ils prennent le thé.

SOLANGE : Ha ! Ha ! Ils prennent le thé. Vous êtes un peu naïve, Madame Rougier. Vraiment ? Vous croyez qu'ils prennent le thé ? Ha ! Ha ! Que vous me faites rire ! Vraiment, vous me faites trop rire. Ah ! que je ris ! (*Elle rit nerveusement.*)

MME ROUGIER, *vexée* : Ils prennent le thé. C'est moi qui viens de leur porter le plateau.

SOLANGE : Ah ! vous avez... Vous êtes entrée dans la chambre de Georges ? Est-ce qu'ils s'embrassaient ? (*Elle rit nerveusement.*)

MME ROUGIER : Pas quand je suis arrivée. Ils regardaient des cartes postales.

SOLANGE : Oui. Bien sûr. Pour vous donner le change. C'est fou comme on peut vous donner le change, Madame Rougier. Vous êtes vraiment très naïve. (*Un temps.*) Est-ce que Monsieur Rougier ne vous embrassait jamais ? Dites. Racontez-moi. Je veux tout savoir de vous, chère Madame Rougier. (*Elle rit nerveusement.*)

MME ROUGIER : Mon Dieu, Solange, ce n'est pas une conversation... pour une jeune fille... enfin...

SOLANGE, *pouffant de rire nerveusement* : Madame Rougier, que vous êtes pudique ! Vous êtes complètement refoulée. Une vraie refoulée. Allons, soyez gentille, racontez-moi comment Monsieur Rougier vous embrassait. Est-ce qu'il vous embrassait sur la bouche ? Hein ? Racontez-moi tout, Madame Rougier. Et sur le ventre, Madame Rougier, est-ce qu'il vous embrassait sur le ventre ?

MME ROUGIER : Solange, je vous en prie…

SOLANGE : Est-ce que vous croyez que Georges embrasse cette femme sur le ventre ? En ce moment ? Avec sa moustache, il doit la piquer. (*Elle pouffe de rire.*) Il lui pique le ventre. Ha ! Ha ! Est-ce que Monsieur Rougier avait une moustache, Madame Rougier ? Est-ce qu'il vous piquait le ventre lorsqu'il vous embrassait ?

MME ROUGIER : Vous ne devriez pas penser à toutes ces choses, ce n'est pas convenable. Dans une famille comme la vôtre…

SOLANGE : Que vous êtes pudique, Madame Rougier ! Au fond, peut-être que vous n'aimez pas les hommes. Est-ce que vous préférez les femmes ? Vous savez, il y a des femmes qui… À la vérité, je crois, Madame Rougier, que vous devez préférer les femmes. Hé ! Vous ne dites pas non ! Hé ! Hé ! (*Elle rit nerveusement. On entend un bruit venant du premier étage.*) Mais écoutez donc ce bruit, Madame Rougier ! Vous ne me ferez pas croire que... Ce Georges est un cochon. Quand je pense qu'à deux pas de moi... Il ne se refuse rien... Une maîtresse... Et il l'amène ici, quand papa a le dos tourné. (*Un temps.*) Est-ce que Monsieur Rougier avait une maîtresse ? Ha ! Ha ! (*Elle rit nerveusement.*) Vous n'en savez rien, naturellement. Dans ces cas-là on ne sait jamais rien. (*Un temps.*) Il en avait sûrement une, je peux vous le dire, Madame Rougier. Songez à toutes celles que papa a eues, qui rendaient maman si malheureuse... et depuis... Les hommes sont tous des porcs. Qui ne pensent qu'à des choses dégoûtantes. (*Un temps.*) Mais écoutez donc ce bruit, Madame Rougier !

MME ROUGIER : C'est un bruit de chaise. Ils ont fini de prendre le thé. Je vais pouvoir aller chercher le plateau et le préparer pour le thé de Monsieur Daubignon, tout à l'heure.

SOLANGE : Il s'agit bien de thé ! Vous n'entendez pas ? Il doit la poursuivre nue à travers la chambre. Quelle orgie ! Ah ! je rirais bien que papa arrive. Il s'en passe des choses sous ce toit ! Lala ! Il y a beaucoup trop d'hommes dans cette maison, Madame Rougier. Beaucoup trop. Qui ne pensent qu'à faire des horreurs, croyez-moi. (*Elle chantonne.*) Tradéridéra, croyez-moi. Tradéridéra ; c'est comme ça. (*Elle cesse de chantonner.*) Dites-moi, Madame Rougier, pourquoi est-ce que Georges est si méchant avec moi ?

MME ROUGIER : Georges n'est pas méchant avec vous. Bien au contraire. Ces roses qu'il vous a apportées, hier, tenez, c'était gentil. Je n'ai pas vu souvent des frères qui pensent à apporter des fleurs à leur sœur.

SOLANGE : Tradéridéra. Ne me bernez pas, je vous prie, Madame Rougier. Je sais bien que Georges me déteste.

MME ROUGIER : Vous vous faites des idées.

SOLANGE : Non, non. Je sais ce que je dis. Je le sais parfaitement. Depuis que j'ai été dans cette clinique. Je suis sûre que c'est lui qui a poussé papa à m'y mettre. C'était ignoble. Des tas de femmes tellement sympathiques, enfermées pendant des six mois, des un an, parce que leurs maris, leurs enfants voulaient se débarrasser d'elles. Forcées de subir des traitements épouvantables. Épuisants. J'ai souffert dans cet établissement sinistre. Et je m'y suis terriblement ennuyée. Mais Georges était enchanté de m'avoir éloignée de la maison. Je le gêne. Il me déteste. Et je sais bien qu'il est furieux qu'on m'ait libérée, que je sois revenue. Il n'a qu'une idée c'est de m'y renvoyer. Il pousse papa à le faire, j'en suis certaine. Pourquoi reste-t-il chaque soir à parler avec lui ? Si tard ? C'est pour le persuader de me renvoyer à la clinique. Il veut se débarrasser de moi, parce qu'il est jaloux de moi. Parce que je suis blonde comme maman, qu'il adorait, et lui tout brun comme papa, qu'il n'aime pas. Et que je suis beaucoup mieux que sa Nadia. Ça le vexe que sa sœur soit plus jolie que sa maîtresse. (*Elle s'approche de la glace.*) N'est-ce pas que je suis jolie, Madame Rougier ? Tellement mieux que cette Nadia. Elle est trop brune. Elle a le teint trop mat. Vous ne trouvez pas ? Et puis, Georges, ce qu'il voudrait, c'est ma fortune, l'argent que m'a laissé maman. Il est d'une avidité de rapace. Il serait bien étonné si je me mariais. Je voudrais me marier rien que pour l'embêter. Et j'aurais cinq enfants. Des petits-enfants adorables, Madame Rougier. Blonds comme les blés, avec des joues toutes roses. De vrais petits amours. Cette noiraude, elle ne pourra jamais lui donner des enfants blonds aux joues roses. Ils auront tous les cheveux bruns comme Georges, et le teint olivâtre, comme elle. Ah ! oui, quand il verra mes enfants, il sera rongé de jalousie. C'est fou ce qu'il est envieux, Georges ! Ne dites pas non. Vous pensez si je le connais ! Depuis le temps ! Lui ne fait pas attention, mais moi je l'observe, je l'épie. Ha ! Ha ! Je ne fais pas de bruit. Je suis légère. Je me glisse. Je me tais. Mais je sais. Je vois. J'entends. Savez-vous, Madame Rougier, qu'elle est plus âgée que moi, cette Nadia ? Un an. Elle a vingt-huit ans. Parfaitement. Elle ne s'en vante pas. Mais j'ai bien fini par le découvrir. Cela lui fait trois ans de plus que Georges. Dans un ménage la femme doit toujours être plus jeune que l'homme. Le contraire est ridicule. Je ne comprends pas comment il peut embrasser une femme plus âgée que lui. C'est dégoûtant. Il est complètement vicieux. Et je suis sûre qu'elle n'est pas protestante comme nous. Ça se voit. Ça se sent.

MME ROUGIER : En France, la plupart des gens sont catholiques.

SOLANGE : Oui, le catholicisme est une religion facile. Les protestants sont une élite. Quand on fait partie d'une élite on ne va pas la trahir pour épouser la première fille venue. Mais je suis bien tranquille, papa ne lui permettra jamais d'épouser cette femme. Ha ! Ha ! des petits Daubignon catholiques, vous voyez ça ? Ha ! Ha ! Quelle horreur ! Je me demande comment on peut être catholique. C'est ridicule…

MME ROUGIER : Vous oubliez que je le suis, et je ne vois pas ce qu'il y a de ridicule…

SOLANGE : Toutes ces statues, ces génuflexions devant des idoles, l'adoration d'une vierge qui ne l'était pas. Il y a longtemps que les protestants ont rejeté ces aberrations. Et nous, les Daubignon, nous sommes protestants depuis trois cents ans. Je ne sais pas si vous vous rendez compte…

MME ROUGIER, *avec un sourire ironique* : Je ne peux pas faire autrement. Monsieur Daubignon, comme vous, me le rappelle une fois par semaine.

SOLANGE : C'est que nous en sommes fiers. Mettez-vous bien dans la tête que nous en sommes fiers. Je ne vois pas pourquoi nous serions gênés de faire partie d'une élite. Georges, tenez, lui, j'ai toujours pensé qu'il était honteux d'être protestant. C'est un faible. C'est un pleutre. Et en plus, il est sensuel. Il est terriblement sensuel. Vous le savez aussi bien que moi, Madame Rougier, les hommes sont affreusement sensuels. Si on leur fait miroiter le plaisir, on peut leur faire abjurer n'importe quoi. N'est-ce pas ?

MME ROUGIER : Je ne sais pas. L'heure tourne. Il faut que j'aille à la cuisine préparer le dîner.

Elle se dirige vers une porte au fond.

SOLANGE : Vous fuyez. Vous avez peur de vous compromettre. Je vous suis. Je ne vous quitte pas. Il faut que vous répondiez à ma question, Madame Rougier.

Elles sortent au fond.

SCÈNE 2
Georges, Nadia

GEORGES, *tirant Nadia* : La voie est libre. Viens.

NADIA : Je m'en vais. À toute allure. Ça me déplairait de me trouver nez à nez avec ton père.

GEORGES : Ce n'est pas un ogre.

NADIA : J'ai idée qu'il ne m'apprécierait pas du tout.

GEORGES : Possible. Mais nous avons le temps. Tu le sais : le dimanche il ne rentre jamais avant six heures.

NADIA : Tu me dis ça chaque semaine. Mais je t'assure que je n'ai pas envie de faire sa connaissance. Surtout aujourd'hui, si, comme prévu, tu dois lui parler ce soir. Ce n'est pas la peine de l'indisposer auparavant.

GEORGES : Reste encore quelques minutes. Je n'ai pas encore eu le temps de te dire combien tu es adorable aujourd'hui.

NADIA : Il y a deux heures que je suis ici et tu me l'a dit vingt fois.

GEORGES : Ce n'est pas suffisant. Et je n'ai même pas eu le temps de t'embrasser.

NADIA : Menteur. Tu n'arrêtais pas en regardant les cartes postales.

GEORGES : Ce n'était que des petits bisous d'amitié. Embrasser correctement, ça demande beaucoup de disponibilité. Je te sentais un peu crispée.

NADIA : Je ne suis pas à l'aise dans cette maison.

GEORGES : Ça fait plus de six mois que tu y viens.

NADIA : Je crains tout le temps de voir ta sœur surgir et qu'elle me fasse des remarques désobligeantes. J'ai le sentiment qu'elle nous espionne. Et qu'elle ne m'aime pas. C'est très inconfortable.

GEORGES : Elle est capable d'être polie.

NADIA : Je sais, nous nous sommes rencontrées, un jour, au début. Elle est excellente pour les salamalecs. Mais j'ai très bien senti que je lui étais antipathique.

GEORGES : Elle déteste tout le monde. Et elle est jalouse de moi.

NADIA : Donc, il vaut mieux l'éviter. Je pars.

GEORGES : Un dernier baiser ! (*Il l'embrasse longuement sur la bouche, se détache* :) Délicieux ! (*Il l'embrasse profondément de nouveau* :) Merveilleux !

NADIA : C'est effrayant ce que tu es goulu.

GEORGES : Il paraît que ma nourrice s'en plaignait déjà. Gare à ta poitrine la prochaine fois !

NADIA : Soyons un peu sérieux.

GEORGES : Oui, soyons sérieux : il ne devrait jamais y avoir d'hiver, on ne peut pas voir les bras des femmes. Et les tiens sont tellement beaux ! Quelle privation !

NADIA : Écoute-moi.

GEORGES : Je t'écoute, je t'écoute imperturbable déesse. Je tombe à tes genoux et je te déclare que je t'écoute.

Il met un genou à terre en faisant un geste théâtral.

NADIA : Il faut que je m'en aille. Promets-moi que tu vas parler à ton père ce soir.

GEORGES, *se relevant* : Ce soir, c'est juré. Mais, s'il a perdu au poker et qu'il est de mauvaise humeur, ce serait peut-être plus habile d'attendre à demain.

NADIA : Ce soir, absolument. La « National Computer » attend ta réponse. Le plus rapidement possible. L'idéal serait de lui annoncer ton accord dès demain, après-demain au plus tard, et ton arrivée à la fin du mois. Tu ne dois plus tergiverser. C'est la dernière limite.

GEORGES : Tu as raison, mais je redoute un peu cette scène décisive.

NADIA : Pense que tu ne peux plus continuer à mener cette existence qui te déplaît. Que c'est ton avenir qui se joue. Parle à ton père, je t'en supplie. Tu aurais dû déjà le faire, depuis huit jours que tu as reçu cette proposition.

GEORGES : J'ai un défaut horrible, je me mets toujours à la place des autres. Je sais que ma décision va lui faire mal. Très mal.

NADIA : Cette sensibilité, tout à coup, c'est un peu surprenant.

GEORGES : Surprenant ?

NADIA : Après tout ce que tu m'as dit de tes relations avec ton père.

GEORGES : Qu'est-ce que je t'ai dit ?

NADIA : Que tu en avais complètement assez de vivre sous son toit. Surtout après avoir passé quatre années d'études, libre comme l'air, à

Paris, en Angleterre. Qu'être son confident du matin au soir était épuisant. Qu'il t'obligeait à écouter ses projets et leurs commentaires parfois jusqu'à minuit. Que les fuir serait un bonheur…

GEORGES : Oh oui !

NADIA : … Que tu ne l'avais jamais aimé. Même dans ta plus petite enfance. Qu'à certaines époques tu l'avais carrément détesté…

GEORGES : Haï. Tu peux dire haï. Je le trouvais suffisant, arrogant, injuste et despotique, odieux avec notre mère à laquelle, pour des riens, il faisait des scènes épouvantables. Et qu'il trompait ouvertement. Ce qui la faisait souffrir. J'aimais beaucoup ma mère et ne supportais pas de la voir malheureuse. Quand j'avais douze ans, quatorze ans, chaque jour je faisais des prières pour qu'il meure. Je rêvais de l'étrangler… À dix-huit ans encore l'envie m'en prenait parfois, tellement il savait être déplaisant…

NADIA : Je te vois mal dans ce rôle d'étrangleur. Avec tes petites mains !

GEORGES : …de l'empoisonner. Tu ne peux pas savoir le nombre de fois où, en imagination, j'ai versé dans son potage l'arsenic qui m'en aurait délivré. Il n'a été sauvé que parce que, à douze ans, c'est difficile de se procurer de l'arsenic. Mais si l'intention compte, je mérite mille fois d'être mis en prison.

NADIA : Le meurtre du père, c'est très banal. Tous les garçons doivent passer par là, paraît-il.

GEORGES : Je ne t'ai jamais dit que j'étais un être exceptionnel. (*Un temps.*) Heureusement j'ai passé ce cap. Je ne déteste plus mon père. Je peux pas dire que j'ai pour lui de l'affection, de la sympathie. Ce serait beaucoup demander. Mais il m'est venu de l'estime. Pour sa passion des affaires. Sa vie c'est son entreprise. Il ne pense qu'à elle jour et nuit. S'y voue corps et âme. Pour tenter de l'améliorer, de la développer. Évidemment…

NADIA : Évidemment ?

GEORGES : …quand on a ce genre de personnalité, on est rarement un tendre, un sentimental. Famille, domestiques, employés, ouvriers ne sont que des rouages qui doivent fonctionner au quart de tour, sans discuter. Et parfois, quand il traite ses collaborateurs, ses subordonnés, comme on ne traite pas des chiens, il me vient, avec l'indignation, des relents de ma vieille haine, et il m'arrive de souhaiter qu'un de ceux qu'il met plus bas que terre, qu'il humilie cruellement, lui fasse la peau.

NADIA : C'est un homme d'affaires. On ne réussit pas dans les affaires si on n'est pas capable d'être dur, impitoyable. Cela ne veut pas dire qu'il soit totalement dénué de sensibilité, incapable d'attachement.

GEORGES : L'amitié, l'affection, l'amour ne sont, à ses yeux, que des pertes de temps.

NADIA : Il a eu pourtant un grand nombre d'aventures.

GEORGES : Pour éviter les complications qu'engendrent malencontreusement les passions. Le corps a des besoins. On doit leur donner satisfaction. Mais, pour lui, il faut manger, boire, faire l'amour comme on urine, sans s'attarder. Les gourmets, les amoureux sont des faibles, des mous, des gaspilleurs de temps, pour lesquels on ne peut avoir que du dédain. Quand il apprendra que je t'aime ça lui fera un choc, comme s'il me découvrait délinquant.

NADIA : Tu n'as aucun besoin de lui raconter ta vie privée. La seule chose importante c'est de lui expliquer, avec tous les ménagements que tu estimeras nécessaires pour ne pas le vexer, l'irriter, que le travail dans son entreprise ne t'intéresse pas vraiment, que tu en as fait loyalement l'essai pendant six mois, pour lui faire plaisir, mais que ce n'est pas ta vocation, que tu envisages ton existence différemment et que tu comptes partir à la fin du mois pour l'étranger, où t'attend une situation conforme à tes goûts, à tes ambitions.

GEORGES : C'est de cette façon que je compte procéder, mais ce ne sera pas aussi simple que tu crois.

NADIA : Pourquoi ?

GEORGES : Parce qu'il va discuter pied à pied pour me prouver que j'ai tort, pour essayer de me faire changer d'avis. Et comme c'est un redoutable débatteur, ça prendra un moment, je peux te l'assurer. Ce qu'il y aurait de mieux c'est qu'il se moque de moi, tourne mon projet en dérision, s'emporte, me menace. Ça me permettrait de me raidir, de mieux résister à sa dialectique. Mais de toute façon ce sera pénible.

NADIA : Difficile, n'exagère pas.

GEORGES : Atroce. Tu ne peux pas imaginer l'art qu'il a de souiller ce qui est propre, d'enlaidir ce qui est beau, comme il peut devenir blessant, quand on lui résiste.

NADIA : Dis-toi que cela n'a aucune importance. Et ne flanche pas.

GEORGES : N'aie crainte. Je te promets que ce soir, après dîner, je lui annonce que je quitte ses affaires à la fin du mois et que je vais m'installer aux États-Unis. J'espère que l'idée des six mille kilomètres d'océan qui désormais nous sépareront anéantira un peu sa combativité.

NADIA : Qui sait ? Peut-être qu'il ne tient pas à ta collaboration autant que tu le crois, qu'il sera ravi de te voir t'éloigner. D'après ce que j'ai compris, les trois quarts des capitaux avec lesquels il s'est lancé, il y a quarante ans, appartenaient à ta mère. Dans ces conditions, un fils, armé d'un sérieux paquet d'actions, ça peut devenir un rival, qui un jour vous détrône.

Georges : Il a peu à peu remboursé entièrement ma mère et il est maintenant seul maître de son entreprise. Qu'il n'a de cesse d'agrandir, de diversifier. Un collaborateur en qui il puisse avoir confiance lui est de plus en plus indispensable. Il mise sur moi.

Nadia : C'est une sottise de miser sur les hommes en général, et une folie de tabler sur l'un d'eux particulièrement. Tous sont interchangeables. Aucun n'est indispensable. (*Un temps.*) Ne te fais pas de complexes. Il y a dans les écoles de commerce plein de jeunes gens, bourrés de qualités, qui ne demandent qu'à les mettre au service des industriels comme ton père. Et qui le seconderont parfaitement. Beaucoup mieux que toi. (*Elle regarde sa montre.*) Six heures moins cinq, il va arriver, je file. (*Elle se dirige vers la sortie.*) Téléphone-moi après ta conversation. Je ne bouge pas de chez moi. J'attends ton appel.

Nadia sort. Solange entre par une autre porte.

SCÈNE 3
Georges, Solange

SOLANGE : Les uns sortent, les autres rentrent. Les petites vagues s'effacent devant les grandes lames. Les oiseaux s'effarouchent à l'approche du chasseur. Tel qui rit vendredi…

GEORGES, *agacé* : Tu ne pourrais pas parler autrement que par allégorie ? Tu n'es pas un peu fatiguée du style sibyllin ?

SOLANGE : Monsieur est bien nerveux. Ça n'a pas marché aujourd'hui ? Vous vous êtes disputés ?

GEORGES : …

SOLANGE : Bon. Bon. Tu ne veux pas me parler. À ton aise. Je sais bien que tu me détestes. Pas besoin d'épiloguer. (*Elle chantonne* :) É-pi-lo-guer, au gué, au gué, alpaga, pagayer. (*Elle cesse de chantonner.*) Les cartes postales, ça ne te réussit pas. (*Rire nerveux.*) Les cartes pos-tales… Ha ! Ha ! Les cartes postales… (*Ton cauteleux* :) Au fait, alors, tu nous quittes à la fin du mois ?

GEORGES : Qu'est-ce que tu racontes ?

SOLANGE : Ne fais pas l'étonné. Ça te va mal. Mon petit, je suis au courant de tout. On ne peut rien me cacher.

GEORGES : Je ne cache rien, mais je suis un peu surpris que tu fasses allusion à un projet que je suis à peu près le seul à connaître. Les murs, je le vois, ont des oreilles.

SOLANGE : Je passais simplement pour aller à la cuisine. Tu parlais à haute voix. Si tu ne veux pas qu'on t'entende il ne faut pas parler à haute voix.

GEORGES : C'est toujours ce qu'on dit quand on écoute aux portes.

SOLANGE : Tu ferais mieux de m'avouer que tu pars, au lieu de chercher des faux-fuyants. Je te dis que je sais tout. J'ai entendu ta conversation avec Nadia. Tu n'as pas confiance en moi, je le regrette. Si tu savais comme je suis favorable à ton projet ! Pars. Pars ! Ne t'inquiète pas de papa, ni de moi, ni de personne. Sois heureux. Papa et moi, nous nous débrouillerons très bien. Je m'occuperai de lui. Je lui ferai la conversation le soir à ta place. (*Elle rit nerveusement.*)

GEORGES : Tu pourras commencer dès ce soir. Lorsque je lui aurai parlé un quart d'heure, je pense que je n'aurai plus rien à lui raconter.

SOLANGE : Il te faut un quart d'heure pour dire : je m'en vais ?

GEORGES : Il est très difficile de parler simplement quand les questions sont importantes. Et lorsqu'on veut ménager un interlocuteur susceptible, on ménage d'abord des transitions. Cela prend du temps.

SOLANGE : N'hésite pas à parler franchement. Je te soutiens entièrement.

Solange sort. Georges reste un moment pensif et sort à son tour. La scène reste vide un instant. Entre M. Daubignon qui tient à la main un journal financier. Il le pose sur un guéridon, actionne une sonnette murale et marche de long en large dans le salon. Personne ne venant il actionne de nouveau la sonnette avec agacement. Au bout de quelques instant entre Mme Rougier.

SCÈNE 4
M. Daubignon, Mme Rougier

M. DAUBIGNON : Enfin ! Ça fait deux fois que je sonne !

MME ROUGIER : J'étais dans la lingerie où il n'y a pas de sonnerie.

M. DAUBIGNON : Vous avez toujours de bonnes excuses. La maison n'est pas si grande que ça. Tendez l'oreille quand vous n'êtes pas dans la cuisine.

MME ROUGIER, *conciliante* : J'essaierai.

M. DAUBIGNON : Bon. (*Un temps.*) Occupez-vous de mon manteau que j'ai laissé dans l'entrée. Je me suis fait une tache de cambouis en regardant le niveau d'huile de l'auto.

MME ROUGIER : Bien Monsieur. (*Mme Rougier sort. M. Daubignon s'assoit sur un fauteuil à côté du guéridon sur lequel il a posé le journal, qu'il commence à feuilleter. Madame Rougier revient avec un plateau où l'on peut apercevoir une théière, une tasse, un sucrier et un petit pot de lait.*) Voilà le thé.

M. DAUBIGNON : Je vous avais demandé de nettoyer d'urgence mon manteau.

MME ROUGIER : J'ai pensé que vous aimeriez avoir votre thé sans tarder.

M. DAUBIGNON : Vous n'avez pas à penser mais à faire ce que je vous dis. Si vous ne nettoyez pas cette tache tout de suite, elle va s'incruster. Faites-le immédiatement.

MME ROUGIER : Bien, Monsieur. (*Ne sachant que faire du plateau* :) Où voulez-vous que je pose le plateau ?

M. DAUBIGNON : Ne faites pas de zèle. Mettez-le comme tous les dimanches. Devant le canapé, sur la table basse.

MME ROUGIER : Bien, Monsieur.

Elle pose le plateau sur la table basse et s'apprête à sortir.

M. DAUBIGNON : Dépêchez-vous d'aller nettoyer mon manteau.

MME ROUGIER : Oui, Monsieur.

Mme Rougier sort. Monsieur Daubignon se lève et va s'asseoir, avec son journal, sur le canapé. Il met un sucre dans la tasse, verse le thé et le lait et, en attendant que ça refroidisse, se replonge dans son journal. Quelques secondes passent. On peut entendre une pendule sonner la demie. Mme Rougier revient.

M. DAUBIGNON : Vous avez nettoyé mon manteau ?

MME ROUGIER : C'est fait, Monsieur.

M. DAUBIGNON : La tache est partie.

MME ROUGIER : Tout à fait, elle n'était que superficielle.

M. DAUBIGNON : Il y a une grosse auréole ?

MME ROUGIER : Non, Monsieur. On ne voit rien.

M. DAUBIGNON : Quand le produit aura séché, il y aura sûrement une auréole. Vous n'avez jamais été très douée pour le nettoyage. (*Un temps.*) Avez-vous pensé à mettre de la terre de Sommières ?

MME ROUGIER : Je n'en ai plus.

M. DAUBIGNON : Vous n'avez jamais ce qui est nécessaire. (*Avec un air excédé* :) Il y aura une auréole, c'est évident. Portez demain ce manteau chez le teinturier.

MME ROUGIER : Bien, Monsieur.

M. DAUBIGNON : Est-ce que mon fils est là ?

MME ROUGIER : Je ne sais pas, Monsieur.

M. DAUBIGNON : Vous ne savez jamais rien. Allez voir. J'ai besoin de lui parler.

MME ROUGIER : Tout de suite, Monsieur.

Mme Rougier sort. Monsieur Daubignon boit une gorgée de thé que manifestement il ne paraît pas trouver bonne. Rajoute un sucre et pendant qu'il fond, se replonge dans la lecture du journal. Madame Rougier revient.

M. DAUBIGNON : Vous avez trouvé Georges ?

MME ROUGIER : Je pense qu'il est sorti.

M. DAUBIGNON : Vous le pensez, ou vous le savez ?

MME ROUGIER : Son manteau n'est plus dans le vestiaire de l'entrée.

M. DAUBIGNON : Il dîne à la maison ?

MME ROUGIER : Oui, Monsieur.

M. DAUBIGNON : Bon. Nous parlerons plus tranquillement après dîner. (*Mme Rougier se dirige vers la sortie. M. Daubignon porte la tasse de thé à sa bouche, en boit une gorgée et fait une grimace encore plus voyante que la première fois.*) Madame Rougier !

MME ROUGIER, *se retournant et revenant vers M. Daubignon* : Oui, Monsieur.

M. DAUBIGNON : Ce thé est détestable.

MME ROUGIER : Ah ! Pourtant il vient de l'épicerie anglaise.

M. DAUBIGNON : Je me moque d'où il vient. Il est imbuvable. Emportez-le. Qu'est-ce que vous avez à rester là comme un emplâtre ? Emportez-le, nom d'une pipe. Il vient de l'épicerie anglaise ! Qui vous a dit d'acheter mon thé à l'épicerie anglaise ? C'est une idée à vous. Eh bien ! je ne vous en félicite pas. Initiative désastreuse. À l'avenir, vous entendez, j'interdis que vous achetiez mon thé à l'épicerie anglaise. Tenez-vous-le pour dit, Madame Rougier.

MME ROUGIER : Certainement, Monsieur.

Elle prend le plateau et se dirige vers la sortie.

M. DAUBIGNON : Faites-moi du tilleul, de la camomille, quelque chose de chaud.

MME ROUGIER : Bien, Monsieur.

M. DAUBIGNON : Dépêchez-vous.

Mme Rougier sort.

Le RIDEAU *tombe*

ACTE II

Le même jour à 21 heures 30

SCÈNE 1

M. Daubignon, Solange, Georges, Mme Rougier

Au lever du rideau la scène est vide. Le salon est éclairé à demi par une grosse lampe à pied. On entend, venant de la salle à manger un bruit de conversation. Entre Mme Rougier qui apporte un plateau sur lequel il y a une cafetière italienne, un petit réchaud, une tasse et un sucrier. Elle pose le plateau sur la table basse devant le canapé, place le réchaud sous la cafetière, allume le réchaud avec une allumette, et sort. La porte de la salle à manger s'ouvre. On entend M. Daubignon dire : « passe » puis Solange, M. Daubignon et Georges pénètrent dans le salon.

M. DAUBIGNON, *poursuivant le monologue commencé dans la salle à manger :* ... et vous me rendrez cette justice que je prévoyais cette crise depuis longtemps. Eh bien ! nous y voilà. Le chômage augmente. Les pertes de la Sécurité sociale sont abyssales. Le dollar a monté de vingt-cinq pour cent en trois jours. Nous sommes aux portes de la déflation. Que peut faire l'État ? Rien. Une fois de plus il augmentera les taxes et les impôts. Mais à force de pressurer la poule aux œufs d'or... (*Il s'assoit sur le canapé et fait signe à Solange et à Georges de s'asseoir sur les fauteuils voisins.*) À propos de volaille : j'ai été ce matin à Verdale. Bouvois se plaint que l'aliment qu'on lui a livré pour les canards n'est pas celui qu'il faudrait. (*À Georges* :) Je n'ai pas le temps de m'occuper de ces détails. Vois ça avec lui. Téléphone-lui demain. Appelle le grainetier et passe-lui un savon. Explique-lui que nous ne sommes pas des gens à qui on refile de la marchandise de deuxième ordre. Qu'il nous fasse d'urgence une livraison correcte et reprenne son lot inutilisable. Débrouille-toi. Que je n'entende plus parler de cette question d'aliment. Bouvois est un brave homme, mais il m'assomme avec ses récriminations chaque fois que je vais à Verdale. C'est ce genre de choses qui, à la longue, rend les propriétés de campagne insupportables. Et qu'on finit par les vendre. (*Un temps.*) De quoi parlions-nous avant cette stupide histoire de volaille ? Ah ! oui. Nous sommes aux portes de la déflation et les syndicats réclament des augmentations de salaires. Le moment est trouvé ! Mais il paraît qu'il y a au Palais-Bourbon des députés qui les approuvent ! Nous sommes gouvernés par des démagogues et des ignares qui ne connaissent même pas le B.A.-BA de l'économie…

SOLANGE : Le café commence à bouillir.

M. DAUBIGNON : Éteins le réchaud.

SOLANGE, *avançant la main vers le réchaud et la retirant vivement* : Il est brûlant !

M. DAUBIGNON : Laisse-le. Je vais m'en occuper. (*Haussant les épaules* :) Il faut que je fasse tout moi-même. (*Il ferme le clapet du réchaud en se brûlant un peu le bout des doigts, qu'il se frotte en grimaçant.*) C'est vrai que c'est terriblement chaud, ce truc. (*Reprenant sa péroraison* :) S'il y a encore une augmentation des salaires, nos frais généraux vont nous dévorer. Je ne sais si vous vous rendez compte combien cette situation est embarrassante. Nous ne pouvons pas augmenter nos prix. Nos marges bénéficiaires vont s'amenuiser. (*Solange prend la cafetière, remplit la tasse et la tend à son père qui la prend.*) Merci. (*Il ajoute un sucre et reprend sa péroraison* :) Il n'y aura qu'une solution : exporter, exporter de plus en plus. (*À Georges* :) C'est un rôle auquel tu es tout naturellement destiné puisque tu parles couramment anglais. Il faudra que tu voyages, beaucoup, continuellement, pour stimuler nos marchés extérieurs, en obtenir de nouveaux. Rôle magnifique ! Dans lequel tu seras excellent, j'en suis sûr. (*Il boit une gorgée de café, fait une moue de mécontentement* :) Je ne sais pas où Madame Rougier achète son café, mais il n'a absolument aucun parfum. Il serait intéressant d'en connaître la raison. (*À Solange* :) Veux-tu faire une petite enquête à ce sujet ?

SOLANGE : Les problèmes ménagers ne m'intéressent pas. Demande à ton petit chéri Georges de s'en occuper. Il fera ça très bien.

M. DAUBIGNON, *à Georges* : J'ai déjà fait une observation à Madame Rougier, cet après-midi, au sujet du thé qui, dans son genre, était aussi mauvais que ce café. Elle m'a dit qu'il provenait de l'épicerie anglaise. Si ça se trouve ce café en vient aussi. Jusqu'à hier nous avions du très bon café et de l'excellent thé. Pourquoi, tout à coup, a-t-elle changé de fournisseur ? Lui aurait-on promis des commissions sur ce qu'elle prendrait dans ce magasin ? De lui faire des factures de complaisance pour qu'elle puisse mettre la soulte dans sa poche ?

GEORGES : Madame Rougier ! Tu n'y penses pas. Il y a quinze ans qu'elle est chez nous. Elle a toujours pris nos intérêts à cœur. Elle est comme de la famille.

M. DAUBIGNON : Justement. Elle se croit chez elle. Qu'elle peut faire ce qui lui plaît. De la gratte, par exemple, comme la plupart des femmes du peuple qui grugent leurs maris.

GEORGES : Madame Rougier est une femme parfaitement honnête. Elle vient d'un milieu tout à fait honorable. Son père était colonel d'artillerie et son mari greffier à la cour d'appel.

M. DAUBIGNON : Oui, mais quand ils sont morts ils l'ont laissée sans un sou.

GEORGES : Il n'est pas honteux d'être pauvre.

M. DAUBIGNON : La misère peut être mauvaise conseillère.

GEORGES : Madame Rougier a toujours été d'une honnêteté scrupuleuse.

M. DAUBIGNON : On ne naît pas filou, mais on peut le devenir. (*Un temps.*) Quoi qu'il en soit, pour survivre, elle a dû se placer.

GEORGES : Ce n'est pas une tare.

M. DAUBIGNON : C'est une déchéance.

GEORGES : Elle est entrée chez nous comme dame de compagnie pour distraire maman que la maladie avait rendue complètement infirme. Ce n'est pas un métier déshonorant. Quand maman est morte, tu lui as demandé de rester pour s'occuper de nous. Elle nous aimait, elle a accepté. C'est seulement quand nos gens ont commencé à nous quitter…

M. DAUBIGNON : Pourquoi nous ont-ils quittés ?

GEORGES : L'atmosphère de la maison ne leur plaisait plus.

M. DAUBIGNON : Pourquoi ne leur plaisait-elle plus ? Sans doute parce que Madame Rougier les indisposait, avec ses airs de grande dame déchue. Et des tracasseries que nous ignorons.

GEORGES : Madame Rougier s'est toujours parfaitement entendue avec les cuisinières et les femmes de chambre qui défilaient. Et qu'il était de plus en plus difficile à trouver.

M. DAUBIGNON : Les gages pourtant étaient corrects.

GEORGES : Nous n'avions pas bonne réputation.

M. DAUBIGNON : Les demeures où il y a de jeunes enfants n'attirent pas le personnel, c'est un fait connu.

GEORGES : C'est sûrement la raison. (*Reprenant la formule favorite de M. Daubignon* :) « Quoi qu'il en soit », Madame Rougier, quand les défections de nos aides ont commencé, a bien voulu, pour nous dépanner, accepter de faire leur travail, provisoirement pensait-on ; puis, comme personne décidément ne voulait rester, peu à peu elle a fait le travail de tout le monde.

M. DAUBIGNON : C'est bien ce que je disais : maintenant ce n'est qu'une domestique.

GEORGES : De nos jours on dit employé de maison.

M. DAUBIGNON : Hypocrisie contemporaine. On joue sur les mots. Mais le fait est là : c'est notre bonne, voilà tout. Donc c'est une personne à surveiller.

GEORGES : Si elle sent qu'on la suspecte, elle partira. Elle aussi. Elle a accepté progressivement, et certainement pas de gaieté de cœur, un emploi modeste, mais elle a sa fierté, comme tout le monde. Et sans doute davantage, vu ses origines.

M. DAUBIGNON : Ne t'en fais pas. Elle ne partira pas. Elle est accrochée à nous comme une moule à son rocher. La place est avantageuse. Rémunération convenable. Ponctuellement payée. Nous ne sommes que trois à servir. Et encore, je suis souvent absent, tu es parti quatre ans pour tes études. Nous n'avons jamais été bien nombreux en même temps au foyer. Je suis tranquille elle ne s'en ira jamais. (*Un temps.*) Mais ce n'est tout de même pas une raison pour qu'elle nous gruge. Prends en main cette question des achats, Georges, tu me feras plaisir.

Georges mécontent ne répond rien. Monsieur Daubignon achève, avec une moue de dégoût, sa tasse de café. Le téléphone sonne. Georges décroche le combiné.

GEORGES : Allô !... Oui... Je vous le passe... (*Il passe le combiné à M. Daubignon* :) C'est pour toi.

M. DAUBIGNON :

	Bonsoir Nicolet...
	Oui...
	Merci...
SOLANGE, *à Georges* :	Quelle affaire ?...
Qu'est-ce que tu	Bouziat !...
attends pour parler ?	Celui qui ! ...
	Ah ! Ah...
GEORGES :	Mon cher, je ne suis pas
On est à peine sortis	du tout de votre avis...
de table.	Il faut sans tarder réunir
	le comité...
	Comprenez-vous ...
SOLANGE :	Ce que j'allais dire...
Si tu attends trop,	Mon cher...
tu n'oseras plus.	
Je te connais. Tu vas	Il est absolument inad-
te dégonfler.	missible...
	Comprenez-vous ...

GEORGES : Pas le moins du monde.	Ce que j'allais dire… Vraiment… La formule est pour le moins… Vous êtes de mon avis…
SOLANGE : Alors parle dès que cette conversation sera finie. Je vais me retirer discrètement.	Audacieuse… Comprenez-vous… Ridicule… Ce que j'allais dire…
GEORGES : Rien ne presse.	Ça ne tient pas debout… Il faut jouer au plus fin… Une déplorable affaire…
SOLANGE : Il faut battre le fer tant qu'il est chaud.	Ce que j'allais dire… Oui… oui… Il faut se défendre… Comprenez-vous… Appelez-moi demain au bureau. Bonsoir, Nicolet.

Monsieur Daubignon raccroche le combiné.

M. DAUBIGNON : C'était Nicolet. (*Comme personne ne semble impressionné* :) Le Vice-Président de l'Union des Banques du Nord...(*Un temps.*) C'est un gentil garçon mais il se noie dans un crachat.

SOLANGE : Crachoteur, je le sais. Je l'ai rencontré au cocktail du Crédit Picard : il postillonnait tout le temps. Ha ! Ha ! Qu'il était laid, plein de bave ! On aurait dit un esturgeon.

M. DAUBIGNON : Les esturgeons bavent ? Je croyais qu'ils donnaient du caviar.

SOLANGE, *se levant* : Le caviar ne se mange qu'à minuit. Je vais me coucher.

M. DAUBIGNON. Déjà ? Il est à peine dix heures.

SOLANGE : Je crois que Georges veut te parler. Je vous laisse. Je suis pleine de discrétion.

Elle sort.

SCÈNE 2
M. Daubignon, Georges

M. DAUBIGNON : Tu veux me parler ?

GEORGES, *se râclant la gorge* : Oui.

M. DAUBIGNON : Moi aussi je voulais te parler, te raconter ma conversation avec Nalot, notre concurrent de Valenciennes, mais on commence par toi. Vas-y. Qu'est-ce qu'il y a ? C'est grave ? Tu as fait un enfant ? Tu as attrapé le sida ?

GEORGES : Heureusement pas. (*Il se râcle la gorge.*) C'est difficile à dire... Ça va te contrarier...

M. DAUBIGNON : J'ai l'habitude des contrariétés. Parle.

GEORGES : Bon... Voilà... Ça fait six mois que j'ai terminé mes études et que je travaille dans tes affaires...

M. DAUBIGNON : Pour mon plus grand plaisir.

GEORGES : Je le sais. C'est pour ça que ça m'ennuie de te dire...

M. DAUBIGNON : Va. Ne tourne pas autour du pot.

GEORGES : Pendant ces six mois de stage, j'ai découvert ce qu'est une grande entreprise, comment ça fonctionne...

M. DAUBIGNON : Et tu as noté un dysfonctionnement ? Tu as des suggestions à me faire ?

GEORGES : Non. Ton organisation me semble excellente. Tout baigne dans l'huile. Mais…

M. DAUBIGNON : Mais quoi ?

GEORGES : J'ai bien réfléchi. Je ne suis pas fait pour les affaires.

M. DAUBIGNON : Au début, je le conçois, ça peut sembler un peu aride, mais tu t'habitueras. Peu à peu je te donnerai des responsabilités, tu auras des initiatives à prendre. Et ça te passionnera.

GEORGES : Je ne le pense pas.

M. DAUBIGNON : Pourquoi ?

GEORGES : J'ai été formé pour manier des idées, pas des personnes. L'industrie propose à des hommes qu'il faut circonvenir des produits fabriqués, vendus par des hommes qu'il faut gouverner. Les individus m'intéressent comme des machineries complexes, dont la liberté fait le prix. Ça ne m'intéresse pas de les subjuguer, de les diriger. Je n'ai aucun goût pour la conquête et la domination. Je n'ai jamais vendu quoi que ce soit, commandé qui que ce soit. Je ne saurais le faire. Toute une vie.

M. DAUBIGNON : Quand j'ai débuté avec mon père, j'ai ressenti ce que tu ressens. Il me semblait aussi que je n'avais rien pour devenir chef d'entreprise. Tu vois que j'y suis parvenu. On prend goût rapidement aux affaires. Tellement qu'on ne peut plus s'en passer.

GEORGES : Je doute que cela m'arrive jamais.

M. DAUBIGNON : Il faut éviter de trop réfléchir et foncer. Après ça marche tout seul. Cesse de te poser des question. Plonge.

GEORGES : Non. J'arrête l'expérience. Je te donne ma démission.

M. DAUBIGNON : C'est idiot. (*Un temps.*) Qu'est-ce que tu vas faire ?

GEORGES : Je vais me consacrer à ce pour quoi j'ai été formé, et qui est pour moi la chose la plus captivante, la plus importante : l'informatique.

M. DAUBIGNON : Rien ne t'empêche de t'y consacrer dans notre entreprise. Que tu pourras utilement modifier, stimuler par de constantes améliorations.

GEORGES : Le côté pratique de l'informatique ne m'intéresse pas.

M. DAUBIGNON : Je ne comprends plus. Qu'est-ce qui t'intéresse ?

GEORGES : La recherche. Pure.

M. DAUBIGNON : Tu peux y consacrer tes loisirs.

GEORGES : C'est un travail qu'il faut faire à plein temps.

M. DAUBIGNON : Tu es encore très jeune. Prends deux ou trois années sabbatiques. Je te les offre. Consacre-toi à tes recherches. Soûle-toi copieusement d'informatique. Et quand tu en seras saturé, viens me rejoindre.

GEORGES : Ce que j'envisage de faire réclame toute une vie d'effort.

M. DAUBIGNON : Comment comptes-tu l'organiser, cette vie ? Matériellement ?

GEORGES : Je vais aller aux États-Unis, c'est le paradis de l'informatique.

M. DAUBIGNON : Tu perfectionneras ton anglais. Ce sera très utile pour développer nos affaires en Amérique, quand tu reviendras.

GEORGES : Je ne reviendrai pas.

M. DAUBIGNON : Ce projet ne tient pas debout. Tu penses t'en aller comme ça, au hasard, dans cet immense pays où tu n'as jamais mis les pieds !

GEORGES : Pas au hasard. Dans un endroit très précis.

M. DAUBIGNON : Peut-on savoir lequel ?

GEORGES : Silicon Valley.

M. DAUBIGNON : Et tu crois qu'on t'engagera comme ça, à Silicon Valley, sur ta bonne mine ?

GEORGES : Tu oublies que je suis ingénieur en informatique. Diplômé de la meilleure école française. J'ai eu des propositions. Je suis attendu.

M. DAUBIGNON : Quelle bêtise j'ai faite de te laisser faire ces études d'informatique ! J'aurais dû insister pour que tu fasses du droit et de la comptabilité. J'ai cédé à ton caprice, et voilà comme je suis payé !

GEORGES : Je te serai éternellement reconnaissant de m'avoir évité d'étudier des matières que je trouvais abominables et permis de me consacrer à celle pour laquelle j'étais fait.

M. DAUBIGNON : Fort bien. Mais maintenant je vais te perdre.

GEORGES : Tu ne perdras jamais ma reconnaissance.

Long silence.

M. DAUBIGNON : Tu te rends compte des conséquences d'une telle décision, si tu l'adoptais vraiment ? Que deviendrait la firme Daubignon lorsque je ne pourrai plus travailler ?

GEORGES : Tu la vendras. C'est une magnifique affaire. Qui tourne à plein rendement. Tu en feras un gros prix.

M. DAUBIGNON : Vendre la maison Daubignon ! Que six générations de Daubignon ont formée, fait croître, à laquelle ils ont donné un renom international ! Ce serait un crime !

GEORGES : Si tu n'avais pas eu de fils, si j'étais mort dans l'accident de moto que j'ai eu il y a six ans, qu'aurais-tu fait ?

M. DAUBIGNON : J'aurais marié Solange à un type dynamique qui m'aurait secondé, et ses fils lui auraient succédé. La chaîne n'aurait pas été interrompue.

GEORGES : Oui, mais quand Solange a parlé de se marier, tu as mis ton veto.

M. DAUBIGNON : Elle s'était entichée d'un bon à rien, coureur de dot.

GEORGES : Il aurait peut-être mieux valu qu'elle épouse le coureur de dot que de perdre la raison.

M. DAUBIGNON : Tu ne vas tout de même pas m'accuser de l'avoir rendue dingue !

GEORGES : Je pense que si elle s'était mariée, elle ne serait pas dans l'état où elle est maintenant.

M. DAUBIGNON : On ne peut pas refaire le passé. Solange n'est plus qu'une malade. Mais toi, ton cerveau fonctionne parfaitement. Donne-le-moi. J'en ai besoin.

GEORGES : Mon cerveau fonctionne si bien qu'il refuse de se laisser embrigader.

Grand silence.

M. DAUBIGNON : Lorsque, un an après mon mariage avec ta mère, Solange est née, je te l'avoue, j'ai été déçu que ce ne soit pas un garçon. Avec ta mère nous avons décidé d'en avoir un le plus rapidement possible. Malheureusement, pendant presque deux ans, elle ne parvenait pas à être enceinte. L'accouchement assez difficile de Solange avait détraqué le fonctionnement de ses organes. Je craignais qu'elle ne puisse plus jamais avoir d'enfant et je t'assure, cela me rendait très triste. Eh puis un beau matin, miracle, tu es arrivé. Tu ne peux pas imaginer notre bonheur, ma joie immense. C'était le plus beau jour de ma vie. Tu étais là, enfin : un fils ! mon fils ! mon héritier ! mon successeur ! le successeur de toutes ces générations de Daubignon qui avaient créé et magnifié notre firme. Avec toi l'avenir devenait lumineux. Puisque tu étais là tout devenait possible : la Maison Daubignon pourrait doubler, tripler, devenir un empire dont tu tiendrais un jour toutes les rênes. (*Un temps.*) J'ai pleuré de joie devant ton berceau. (*Un temps.*) Tu as grandi. Très vite il a été manifeste que tu étais intelligent, très intelligent, magnifiquement doué. Tu faisais de bonnes études, d'excellentes études. Tout te désignait pour être un jour à la tête de l'empire Daubignon que je me suis mis à développer d'arrache-pied. Pour toi. J'avais mis en toi toutes mes espérances.

GEORGES : Était-ce raisonnable ? Fonder l'avenir sur quelqu'un qui n'est pas soi…

M. DAUBIGNON : C'était raisonnable. Je t'avais donné la vie. Tu étais moi. Plus grand. Plus beau. Plus intelligent. Tu devenais chaque jour ce que j'aurais voulu être. Tu me réalisais.

GEORGES : On n'a pas le droit de faire comme ça des O.P.A. sur les gens, sans leur demander leur avis. (*Un temps.*) Je le regrette, mais je ne suis pas du tout le fils que tu imaginais. Je ne suis pas ton sosie, ta duplication. Je suis autre. Je suis moi. (*Un temps.*) La Maison Daubignon vivra très bien sans moi.

M. DAUBIGNON : C'est fragile, une entreprise. Un château de sable. Quand elle n'a plus à sa tête un homme passionné, elle se désagrège, s'effrite, disparaît. Si tu ne me succèdes pas, la nôtre mourra. Tu auras été son fossoyeur. Sans aucune raison valable.

Un temps.

GEORGES : Nous n'avons pas la même vision de l'existence.

M. DAUBIGNON : Selon toi, quelle est ma vision ?

GEORGES : Produire, vendre, toujours davantage, dépasser les concurrents, les éliminer, les phagocyter, croître indéfiniment. L'action.

M. DAUBIGNON : Est-ce blâmable ?

GEORGES : Non.

M. DAUBIGNON : Et toi ? Ta vision ?

GEORGES : Découvrir, grâce à l'informatique, des procédés pour penser mieux, agir mieux, améliorer les comportements humains.

M. DAUBIGNON : Utopie.

GEORGES : Peut-être. Mais l'action pratique ne m'intéresse pas. L'existence d'un homme d'affaires ne me convient pas.

M. DAUBIGNON : Ce genre d'existence peut être très captivant.

GEORGES : Pour certains, sûrement. Pas pour moi.

M. DAUBIGNON : Que lui reproches-tu ?

GEORGES : Il y manque le rêve. Seule chose capable d'auréoler la vie. Qui sans cela n'est qu'un amas de besognes.

M. DAUBIGNON : Mais dans les affaires aussi il y a du rêve ! Tu crois que moi je ne fais que manipuler des ouvriers, des employés, des clients, que je ne songe qu'à faire de l'argent, pour le thésauriser ? Les affaires, comme je les conçois, c'est une longue suite de rêves formidables. L'argent, pouah ! je m'en moque. Ce n'est pas l'argent qui est intéressant dans les affaires.

GEORGES : C'est quoi, alors ?

M. DAUBIGNON : La puissance. Sans limites. Mirage ensorcelant.

GEORGES : Soit. Nous sommes tous deux des rêveurs. Mais tes rêves ne sont pas les miens. Nous ne parlons pas le même langage.

M. DAUBIGNON : Dommage. Il me semble pourtant que nous sommes très proches.

GEORGES : Par l'intelligence, sûrement. Mais nos sensibilités divergent.

Un temps.

M. DAUBIGNON : Comment comptes-tu vivre à la Silicon Valley ?

GEORGES : On m'a offert un poste important dans une des plus grandes entreprises californiennes.

M. DAUBIGNON : Convenablement rémunéré ?

GEORGES : Le triple de ce que je gagne chez toi.

M. DAUBIGNON : Je te donne ce triple. Reste.

GEORGES : Ce n'est pas une question d'argent. On met à ma disposition un laboratoire, avec six jeunes collaborateurs. C'est une proposition flatteuse, tout à fait inespérée. La chance de pouvoir participer à la nouvelle révolution de l'informatique, à la création de celle de demain.

M. DAUBIGNON : Tu vois, toi aussi tu parles de créer.

GEORGES : Je pense que tu m'as donné le virus Daubignon. Je t'en remercie. (*Un temps.*) Je vais partir. Nous mènerons des vies différentes. Mais nous resterons proches.

Un temps.

M. DAUBIGNON : Tu as déjà donné ton accord à la Silicon Valley ?

GEORGES : Pas encore. J'ai jusqu'à après-demain pour faire connaître ma décision.

M. DAUBIGNON : Parfait. Tu as encore le temps de réfléchir, de peser soigneusement le pour et le contre.

GEORGES : C'est tout réfléchi.

M. DAUBIGNON : Songe à l'avenir. Que seras-tu dans dix ans à la Silicon Valley ? Toujours un chercheur. Bien payé, d'accord, mais finalement, quoi, un simple employé. Et si tu ne trouves rien, ou pas grand-chose, un rouage inutile qu'on peut mettre à la porte du jour au lendemain.

GEORGES : Si on désire faire de l'argent, l'informatique peut être une source de grand enrichissement. Plusieurs Français, installés là-bas il y a quatre ou cinq ans, ont monté leur propre entreprise et sont maintenant multi-millionnaires, en dollars. Si je ne réussis pas à faire de grandes découvertes et qu'on me vire, je ne mourrai pas de faim ; j'aurai toujours la ressource de monnayer mes petites. Et de faire beaucoup d'argent.

M. DAUBIGNON : D'après ce que je crois comprendre l'informatique n'est plus ce qu'elle a été. Son avenir n'est peut-être pas aussi merveilleux que tu l'imagines. (*Un temps.*) Les entreprises traditionnelles sont plus sûres. Si tu restes ici, avec moi, tu peux avoir un avenir magnifique. Nalot, dont je voulais te parler, eh bien ! je vais racheter son entreprise : c'est la plus importante de Valenciennes. Et j'ai en vue de racheter les Établissements Cornet d'Arras, qui battent de l'aile, nous sommes en pourparlers, très avancés. Si nous travaillions ensemble, on pourrait mettre les bouchées doubles, envisager de nous étendre plus loin. À Strasbourg, à Marseille, à Paris. Partout, il y a de grandes acquisitions à réaliser. L'intelligent serait de se diversifier. D'acheter des entreprises très différentes de la nôtre. Dans l'alimentation, la mode, les cosmétiques, les boissons. Quel beau jour ce serait celui où l'on pourrait mettre la main sur le B.H.V., Michelin, l'Oréal ! Où l'on parviendrait à s'emparer de Ricard et de Mouton-Rothschild ! Dans dix ans tu serais un homme important, considéré. Cela n'est pas négligeable.

GEORGES : Ce sont de beaux projets. Mais le mien me plaît davantage.

Un temps.

M. DAUBIGNON : Pourquoi ne m'en as-tu pas parlé plus tôt ?

GEORGES : Il y a huit jours il n'était pas encore formé. C'est seulement lundi dernier que j'ai reçu cette proposition. Tout à fait inattendue.

M. DAUBIGNON : On ne fait pas des propositions aussi importantes à des inconnus. Pour qu'on te découvre, il a fallu que tu prospectes d'éventuels employeurs. Ou que quelqu'un prospecte pour toi. (*Un temps.*) Qui t'a aidé dans cette recherche ?

GEORGES : Ça s'est fait par relation.

M. DAUBIGNON : Quelle relation ?

GEORGES : …

M. DAUBIGNON : Je me demande… (*Un temps.*) Tu pars seul ?

GEORGES : Non.

M. DAUBIGNON : Ah ! ah ! (*Un temps.*) Quand je suis rentré, à six heures, j'ai croisé dans la rue une jeune femme qui sortait d'ici. C'est ta maîtresse ?

GEORGES : De nos jours on dit amie.

M. DAUBIGNON : C'est ton amie ?

GEORGES : Oui.

M. DAUBIGNON : Qu'est-ce qu'elle fait dans la vie ?

GEORGES : Elle est ingénieur en informatique.

M. DAUBIGNON : Je vois. (*Un temps.*) C'est elle qui a tout imaginé ?

GEORGES : Elle est attendue, comme moi, à la Silicon Valley, dans la même entreprise, où elle doit intégrer le laboratoire de robotique, qui est sa spécialité.

M. DAUBIGNON : Elle habite Roubaix ?

GEORGES : Lille. Elle est maître de conférences à l'Université.

M. DAUBIGNON : Vous auriez pu continuer vos travaux dans la région.

GEORGES : Les laboratoires des États-Unis sont fabuleux. Disposent de moyens inimaginables en France.

Un temps.

M. DAUBIGNON : Je pense que ce n'est pas pour l'informatique que tu désires partir, mais parce que tu ne veux pas quitter cette jeune fille.

GEORGES : Je suis heureux de partir avec elle.

M. DAUBIGNON : Elle t'a complètement envoûté.

GEORGES : Ce n'est pas une sorcière.

M. DAUBIGNON : Disons que tu l'as dans la peau.

GEORGES : Ne soyons pas vulgaires. Je l'aime.

Un temps.

M. DAUBIGNON : Je n'ai fait que l'apercevoir dans la pénombre, mais elle m'a semblé bien bronzée. Elle est Française ?

GEORGES : Elle est née à Rouen.

M. DAUBIGNON : Je la trouve curieusement typée pour une Normande. D'où vient sa famille ? D'Andalousie ? De Sicile ?

GEORGES : D'Algérie.

M. DAUBIGNON : Je rêve. Mon fils vit et veut se coller avec une bougnoule !

GEORGES : Pourquoi tout de suite les mots qui rabaissent ?

M. DAUBIGNON : Tu oublies que j'ai fait la guerre d'Algérie, pendant dix-huit mois ! Que j'ai vu comment les fellagas tuaient nos compatriotes ! Apprendre comme ça que mon fils est l'amant de la fille ou de la petite-fille de nos assassins, qu'il envisage de passer sa vie avec elle, c'est un choc.

GEORGES : La guerre d'Algérie c'est de l'histoire ancienne. On ne peut pas ressasser éternellement les guerres et les rancunes qu'elles engendrent.

Un temps.

M. DAUBIGNON : Si tu ne comprends pas l'horreur que j'éprouve, c'est que cette fille t'a complètement tourné la tête. (*Un temps.*) Bien entendu, elle est musulmane.

GEORGES : Évidemment.

M. DAUBIGNON : Un de ces jours elle va vouloir te convertir.

GEORGES : Comme c'est plausible !

M. DAUBIGNON : Un Daubignon, musulman !

GEORGES : Nous sommes tous les deux totalement agnostiques.

M. DAUBIGNON : On dit ça, et puis… (*Un temps.*) Je m'attends à apprendre un jour qu'on t'a circoncis.

GEORGES : Tu oublies que quand j'étais gosse j'avais un phimosis, que tu m'as fait opérer, et que je n'ai plus de prépuce depuis l'âge de huit ans.

M. DAUBIGNON : Tu as l'intention de te marier ?

GEORGES : Ça ne se fait plus beaucoup.

M. DAUBIGNON : Mais si elle te demande de l'épouser, tu le feras ?

GEORGES : Pourquoi pas ?

M. DAUBIGNON : Tu le feras. Tu es un faible. (*Un temps.*) Et les enfants ?

GEORGES : Quels enfants ?

M. DAUBIGNON : Ceux que tu peux faire, marié ou pas.

GEORGES : Ils ne sont pas du tout programmés.

M. DAUBIGNON : Ils le seront si ton amie le veut. Les femmes font faire tout ce qu'elles veulent aux faibles comme toi.

GEORGES : Qui te dit que je suis un faible ?

M. DAUBIGNON : Un protestant qui épouse une musulmane est un faible.

GEORGES : Si ça peut te faire plaisir, disons que je suis un faible. Et après ?

M. DAUBIGNON : As-tu songé que ces enfants seraient à moitié arabes et, si ta femme l'exige, des petits mahométans ?

GEORGES : Je ne suis pas contre les mélanges de civilisations.

M. DAUBIGNON : Des Daubignon musulmans ! Ce serait un cauchemar. (*Un temps.*) Je ne comprends pas comment tu peux envisager froidement une chose pareille, comment à cette idée ton sang huguenot ne se révolte pas dans tes veines ! Nous étions une vieille famille du Gard. Après la Révocation de l'Édit de Nantes, nous avons refusé de nous expatrier et d'abjurer notre religion. Pendant les dragonnades nous nous sommes cachés dans les Cévennes. Dans des recoins perdus, sans agriculture, où l'on n'avait pour vivre que le braconnage et les châtaignes des forêts. Posséder des Bibles pouvait conduire au gibet. Nous en avions deux, avec toute la généalogie de notre famille, on en lisait chaque jour des versets, à la veillée, et, après leur lecture, nous les cachions dans des trous savamment pratiqués dans les murailles.

Quand la répression est devenue insupportable, nous avons fui en Allemagne, puis en Hollande. En emportant nos Bibles sacrées. Nous avons passé cent cinquante ans en exil, vivant comme des besogneux sur ces terres étrangères. Nous ne sommes revenus en France, avec nos Bibles, qu'après la chute de Napoléon et, pour plus de sûreté, au cas où il y aurait quelque jour un regain d'intolérance, nous nous sommes installés le plus au nord possible, à deux pas de la frontière, pour savoir, à la première alerte, nous réfugier rapidement en Belgique ou aux Pays-Bas. À la force des poignets nous avons bâti une petite affaire, que chaque génération a contribué à agrandir. Certes, nous nous sommes enrichis, comme les syndicats nous le reprochent, mais nous avons aussi donné du travail et des possibilités de bien-être à toute une région. Songe qu'actuellement trois mille personnes vivent grâce à nous. Et que bientôt nous en ferons vivre le double, le triple, si les achats et les fusions que j'envisage se réalisent. Si tu abandonnes notre entreprise, il n'est pas sûr qu'elle puisse perdurer. Ceux qui la rachèteront n'auront jamais pour elle la passion de ceux qui l'ont tirée du néant. Ton départ sera une trahison que je ne te pardonnerai pas. Et si tu épouses cette étrangère, si tu as d'elle des enfants étrangers, par le sang et la religion, des enfants qui seront obligés d'apprendre par cœur le Coran, je te préviens : je te déshériterai.

GEORGES : Des menaces ! Quel bonheur. Je commençais à m'attendrir. J'ai presque cru que j'allais avoir pitié.

M. DAUBIGNON : De la pitié ? Tu n'en es pas capable. C'est incroyable ce que tu me rappelles ta mère. Elle non plus ne savait pas ce que c'était. Elle se butait parfois comme une mule.

GEORGES : Alors tu as l'habitude. Ça ne doit pas t'étonner.

M. DAUBIGNON : Elle aussi adorait l'insolence.

GEORGES : Je suis aussi respectueux que possible dans une circonstance difficile.

M. DAUBIGNON : Ma parole ! Pour un peu tu me reprocherais de l'avoir créée ! (*S'échauffant* :) Et puis, en voilà assez. Pars si tu veux, je m'en moque éperdument. J'en ai marre de ta petite gueule de renégat. Mais je te préviens que si tu épouses cette fille, si tu as d'elle des enfants, tu n'auras pas un centime de ma fortune. Bonsoir.

Il se dirige côté jardin vers sa chambre, située au rez-de-chaussée et sort.

GEORGES : Oh ! sublime caractère Daubignon ! On allait oublier l'héritage. L'erreur est réparée. Merci. Je suis sauvé.

Il s'effondre dans un fauteuil.

SCÈNE 3
Georges, Mme Rougier

Entre Mme Rougier.

MME ROUGIER : Monsieur est allé se coucher ?

GEORGES, *prostré* : Oui.

MME ROUGIER : Je suis très embêtée.

GEORGES, *qui ne l'écoute que d'une oreille* : Embêtée ?

MME ROUGIER : Monsieur, cet après-midi, a trouvé le thé mauvais. Il vient de l'épicerie anglaise.

GEORGES : Bonne maison.

MME ROUGIER : Qui n'a que de bons produits. Et celui-ci est une de leurs grandes spécialités. C'est du pur Ceylan, de qualité exceptionnelle. On ne trouverait pas mieux à Paris. Monsieur m'a interdit d'en acheter désormais. Je ne sais plus ce que je dois faire.

GEORGES : Que dire ?...

MME ROUGIER : Il y a quinze ans que j'achète cette variété, et Monsieur ne s'est jamais plaint. Il y est habitué. Si je lui en sers une autre, il va forcément la trouver différente et l'aimera encore moins. Fera encore toutes sortes d'histoires. Vous ne croyez pas ?

GEORGES : Peut-être.

MME ROUGIER : J'ai pensé que je pourrais peut-être acheter du thé de Chine, pour changer carrément ?

GEORGES : Carrément. Bonne idée.

MME ROUGIER : Mais le thé de Chine a un goût très spécial. Il est fumé.

GEORGES : Très fumé.

MME ROUGIER : Il existe des mélanges.

GEORGES : Des mélanges, certainement…

MME ROUGIER : Vous me conseillez d'en essayer ?

GEORGES : Pourquoi pas ?

MME ROUGIER : J'irai en chercher de plusieurs sortes demain matin, et je vous les ferai goûter, si vous voulez bien me rendre ce service.

GEORGES : Tout à fait.

MME ROUGIER : Merci de votre compréhension. C'est tellement ennuyeux, n'est-ce pas, cette histoire de thé !

GEORGES : Tellement ennuyeux, vous avez raison. (*Perdu dans ses pensées il répète machinalement* :) Tellement ennuyeux…

Le RIDEAU *tombe*

ACTE III

Le lendemain matin à 8 heures

SCÈNE 1

Mme Rougier, Georges

Mme Rougier sort de la chambre de M. Daubignon avec le plateau en désordre de son petit déjeuner. Elle traverse la scène pour aller à la cuisine. Entre Georges, un attaché-case à la main.

GEORGES : Bonjour. Papa vient seulement de prendre son petit déjeuner ?

MME ROUGIER : Il s'est réveillé tard. Il n'a sonné qu'à sept heures et demie. Mais vous êtes en avance. D'ordinaire vous partez seulement après le passage des poubelles.

GEORGES : J'ai une montagne de choses à faire.

MME ROUGIER : Monsieur a oublié de me parler des repas. Vous revenez tous les deux pour déjeuner ?

GEORGES : Non. Je dois passer la journée à Dunkerque et papa déjeune au restaurant avec le directeur de la B.N.P.

MME ROUGIER : Et ce soir ?

GEORGES : Nous serons là.

MME ROUGIER : Parfait. Bonne journée.

Elle sort côté cuisine. Georges se dirige vers la porte menant au hall d'entrée. Le téléphone sonne. Georges redescend vers l'appareil, décroche le combiné.

GEORGES : Allô !... Non. Ce n'est pas ici.

Il raccroche le combiné. La porte de la chambre de M. Daubignon s'ouvre et M. Daubignon paraît, en robe de chambre, un peu décoiffé, s'appuyant sur une canne.

SCÈNE 2
Georges, M. Daubignon

M. DAUBIGNON : Qu'est-ce que c'était ?

GEORGES : Une erreur. Quelqu'un qui voulait la S.P.A. Bonjour. (*Apercevant la canne* :) Que t'est-il arrivé ? Tu es tombé ?

M. DAUBIGNON : Non. Mais je ne tiens plus debout.

GEORGES : Ce doit être un rhumatisme. Ça te fait très mal ?

M. DAUBIGNON : Pas du tout. C'est très étrange.

GEORGES : Ça t'a pris comme ça, au réveil ?

M. DAUBIGNON : Non. Cette nuit, vers deux heures. Comme je ne pouvais pas arriver à m'endormir, j'ai été à la cuisine chercher un verre d'eau. Et tout à coup j'ai eu une sorte d'étourdissement et l'impression que ma jambe droite se dérobait sous moi. Elle était comme ouatinée, molle, engourdie. Et puis voilà. Depuis ce moment j'ai beaucoup de difficulté à m'en servir. Elle ne m'obéit plus correctement. (*Prenant un ton un peu mélodramatique* :) Je pense que c'est un signe, le commencement de la fin. Vous n'aurez plus longtemps à me supporter.

GEORGES : Comme tu y vas ! Tu as dû te froisser quelque muscle en faisant un faux mouvement.

M. DAUBIGNON : C'est beaucoup plus sérieux.

GEORGES : Je ne te trouve pas la mine d'un moribond. Mais tu devrais tout de même demander au docteur Nizard de venir te voir, pour te rassurer.

M. DAUBIGNON : Appelle-le, je n'en ai pas la force. (*Un temps.*) Il y a quelque chose de brisé en moi. (*Un temps.*) J'ai reçu hier soir un choc dont je me remettrai difficilement.

GEORGES, *gêné* : Ne te frappe pas avant d'avoir vu Nizard. Ce n'est certainement rien du tout.

M. DAUBIGNON : Je suis pessimiste.

GEORGES : Comme tous les gens qui ont une santé de fer et ne sont jamais malades. Le premier petit accroc les stupéfie. (*Un temps.*) En attendant Nizard, tu devrais étendre ta jambe. Si c'est une phlébite, ce serait plus prudent.

M. DAUBIGNON : Tu as raison, je vais me recoucher. (*Un temps.*) Tu vas au bureau directement ?

GEORGES : En principe j'ai rendez-vous à l'usine de Dunkerque pour le remplacement du monte-charge qui est en panne. Mais je peux y passer avant.

M. DAUBIGNON : Ça m'arrangerait. Tu diras que je ne viendrai pas ce matin. Qu'on m'envoie un coursier avec les lettres les plus importantes et un résumé des autres. Si on ne me voit pas cet après-midi c'est que je ne vais pas mieux. Dans ce cas il faudra que Garnier vienne ici pour que nous parlions ensemble des questions urgentes.

GEORGES : Entendu.

M. DAUBIGNON : De toute façon, téléphone au directeur de la B.N.P. pour décommander notre déjeuner. Même bien portant je n'aurai pas la tête à discuter avec lui aujourd'hui.

GEORGES : Je l'appellerai dès l'ouverture de la banque, avec mon portable, en roulant vers Dunkerque.

Il se dirige vers la sortie.

M. DAUBIGNON : Encore un mot. Tu ne m'as pas dit, hier soir, quand tu comptais partir pour les États-Unis.

GEORGES : Si tu es d'accord, ça m'arrangerait à la fin du mois.

M. DAUBIGNON, *amer* : Comme tu es pressé de me quitter ! C'est à peine dans deux semaines…

GEORGES : Ces quinze jours seront une période pénible à vivre, pour nous deux. Pourquoi la prolonger ?

M. DAUBIGNON : Tu es sûr que tu ne changeras pas d'avis, que tu auras encore envie de partir après ces quelques jours de réflexion supplémentaires ? …

GEORGES, *se raidissant, voix faible* : Oui.

M. DAUBIGNON : … Que tu ne regretteras pas un jour ta décision ?

GEORGES : Jamais.

M. DAUBIGNON, *accablé, un peu larmoyant* : Alors, va, si c'est ta vie. (*Un temps.*) Je m'efforcerai de durer pour garder ta sœur. Elle n'a que moi au monde. Mais quelque chose me dit que je n'en ai plus pour très longtemps... (*Un temps.*) Si je venais à disparaître... lorsque je disparaîtrai, il faudra tout de même que tu t'en occupes, Georges. Même de loin. Est-ce que je peux compter sur toi ? (*Voix très basse.*) Je ne voudrais pas mourir sans en être sûr. Promets-moi qu'après ma mort tu prendras soin de ta sœur.

GEORGES, *très ému* : Je te le promets. (*Essayant de secouer l'atmosphère tragique* :) Mais il ne faut pas que tu te fasses des idées noires comme cela. Juste parce que tu boitilles un peu aujourd'hui.

M. DAUBIGNON : C'est un avertissement. Je pressens une maladie grave. Irrémédiable. (*Un temps.*) Je m'en irai plus tranquille en sachant que Solange n'est pas abandonnée.

GEORGES : Elle ne le sera pas.

M. DAUBIGNON : La pauvre petite n'a aucun avenir devant elle. Elle ne peut pas se marier. Elle est totalement incapable de travailler. Elle ne s'intéresse à rien. N'a de goût pour rien. Pas d'amies. Elle est tellement instable, changeante, qu'elle a dégoûté toutes celles qui auraient pu le devenir. Elle n'a aucune notion de l'argent. Ta mère lui a laissé une petite fortune et, bien sûr, je l'ai avantagée dans mon testament pour qu'elle ait toujours de quoi vivre de façon décente. Elle dépense à tort et à travers ses revenus, mais jusqu'à présent, sachant que j'ai l'œil sur son compte, elle n'a jamais osé toucher au capital qu'elle détient. Quand je ne serai plus là et qu'il aura quadruplé, quintuplé, j'ai peur que ce ne soit la gabegie. On a envie de s'offrir une robe, une fourrure, un voyage, on vend des titres, c'est si facile. Une fois : dix. Une fois : quinze. Et un beau jour on se retrouve ruinée. Pour empêcher cette issue désastreuse, tu n'auras qu'un moyen : demander qu'on lui mette un conseil judiciaire. Je n'ai jamais eu la force de le faire. (*Pleurant à demi* :) Il faut aller au tribunal, raconter toutes ses petites histoires de famille, dévoiler publiquement qu'on a une fille anormale. C'est humiliant. Comme l'aveu d'un grand échec. J'ai été lâche. Ne le sois pas. Cette démarche est sûrement moins difficile pour un frère que pour un père. Fais-la pour la protéger d'elle-même. Fais-la car je me tourmente beaucoup à son sujet. (*Il pleure doucement.*) Et maintenant, pour toi aussi, je vais me tourmenter… Ma jambe me lâche, mon fils m'abandonne… tout se décompose…

Il pleure à grosses secousses de poitrine, très bouleversantes. Sa figure est presque caricaturale tellement elle est déformée.

GEORGES, *très troublé* : Papa, je te demande pardon. Je ne pensai pas que ma décision te ferait souffrir comme ça.

M. DAUBIGNON, *voix très douce* : Cela a été un rude coup mais je sens que je ne souffrirai pas longtemps.

GEORGES : Ne me torture pas !

M. DAUBIGNON : Appelle Nizard et va au bureau porter mes instructions. Je me recouche un moment, la tête me tourne.

Il se lève lourdement et en titubant un peu regagne sa chambre. Georges renifle comme quelqu'un qui a été au bord d'une extrême émotion mal contenue. Il s'approche du téléphone, décroche le combiné, compose un numéro.

GEORGES : Allô ! Est-ce que le docteur Nizard est là ?… C'est ennuyeux. Ici Georges Daubignon. Vous avez un moyen de le joindre ?... Pas de chance. Si par hasard il vous appelle, dites-lui que mon père est souffrant, que je suis assez inquiet, que ce serait merveilleux s'il pouvait venir le plus tôt possible... Je ne bouge pas... Je l'attends... Merci.

Il raccroche le combiné. Entre Madame Rougier.

SCÈNE 3
Georges, Mme Rougier

MME ROUGIER : Vous êtes toujours là ?

GEORGES : J'allais partir lorsque papa est arrivé au salon. Vous l'avez vu ce matin ?

MME ROUGIER : Deux fois. D'abord en lui apportant son petit déjeuner, puis en venant prendre ses souliers pour les cirer.

GEORGES : Il ne vous a rien dit ?

MME ROUGIER, *surprise* : Il aurait dû me dire quelque chose ?

GEORGES : Vous n'avez rien remarqué ?

MME ROUGIER : Non.

GEORGES : Il boite et souffre beaucoup de sa jambe droite.

MME ROUGIER : Je ne l'ai vu qu'assis. Mais il ne faut pas s'en faire, Monsieur n'est jamais malade. C'est la première fois depuis quinze ans qu'il se plaint de quelque chose. Il n'a pas l'habitude des petites misères de l'organisme qu'éprouvent la plupart des gens. Alors forcément, ça l'étonne, ça l'inquiète. Il ne faut pas vous frapper. Ça doit être trois fois rien. Il se sera froissé quelque muscle en dormant dans une fausse position. Un bon onguent, un peu de repos et il n'y paraîtra plus.

GEORGES : Merci de me rassurer. J'ai tout de même convoqué le docteur Nizard. Sa secrétaire pense qu'il pourrait venir en fin de matinée, au plus tard entre midi et une heure.

MME ROUGIER : Vous pouvez aller au bureau. Je prendrai soin de Monsieur Daubignon en attendant l'arrivée du docteur.

GEORGES. Prévenez-moi s'il y avait des complications. Vous avez mon numéro au bureau et celui de mon portable si je suis en route. Mais j'hésite vraiment à aller jusqu'à Dunkerque sans avoir entendu Nizard.

On entend plusieurs violents coups de sonnette puis la voix de M. Daubignon appelant : Madame Rougier ! Madame Rougier !

MME ROUGIER : J'arrive ! J'arrive !

Elle entre dans la chambre de M. Daubignon. Georges, perplexe, reste immobile. On entend des exclamations de Mme Rougier : Vous êtes sûr ?… Remuez voir ! *Et la voix de M. Daubignon* : Appelez Nizard. En vitesse ! Je vous assure que c'est très sérieux. *Mme Rougier rentre dans le salon. Elle paraît assez troublée.*

GEORGES : Qu'est-ce qu'il y a ?

MME ROUGIER : C'est plus grave que je ne pensais. La jambe droite est complètement paralysée, Monsieur ne la sent même plus. C'est sûrement un coup de sang.

GEORGES : Une attaque ?

MME ROUGIER : Ça m'en a tout l'air. S'il vous plaît, rappelez le docteur, qu'il se dépêche de venir. En attendant, je vais essayer de faire des frictions pour voir si on ne peut pas récupérer un peu de mobilité.

Mme Rougier rentre dans la chambre de M. Daubignon. Georges s'approche du téléphone, décroche le combiné, forme un numéro.

GEORGES : Ici Georges Daubignon... Oui, c'est moi qui vous ai appelée tout à l'heure. Mon père va beaucoup plus mal. Il faut que je parle d'urgence au docteur. Pouvez-vous me dire où il est en ce moment ?... Vous avez le numéro ?... (*Il attrape un bloc-notes, extrait un stylo de sa poche et écrit les chiffres qu'on lui dicte.*) Oui, bien noté. Merci infiniment. (*Il raccroche le combiné, le décroche de nouveau et compose le numéro qu'on vient de lui donner.*) Clinique Blondel ?... Est-ce que le docteur Nizard est chez vous ?... Oui, ma sœur. C'est très urgent... Merci... Vous êtes très aimable. (*Quelques secondes de silence.*) Bonjour docteur... Excusez-moi de vous relancer ainsi, de vous déranger, mais mon père va très mal... Madame Rougier pense que ce pourrait être une attaque... Il a la jambe droite complètement paralysée... Merci, merci infiniment... À tout de suite. (*Il raccroche le combiné, le décroche de nouveau et compose un numéro.*) Georges Daubignon. Oui, bonjour Sylvie. Passez-moi Monsieur Garnier... (*Un temps.*) Monsieur Garnier, bonjour. Papa n'est pas bien. Il ne viendra pas au bureau aujourd'hui... Il ne peut plus marcher. Madame Rougier craint que ce soit une attaque, espérons qu'elle se trompe, que ce n'est qu'une fausse alerte... J'attends le docteur Nizard qui va arriver d'un moment à l'autre. Papa vous demande de bien vouloir décommander le déjeuner qu'il devait avoir avec le directeur de la B.N.P. ...oui, au restaurant... Par ailleurs, il aimerait qu'un coursier lui amène les lettres les plus importantes du courrier avec un extrait des autres... Enfin, il souhaiterait que vous veniez le voir, cet après-midi... Il n'a pas dit l'heure... Quand ça vous arrangera... Mais je vous confirmerai ce dernier point quand j'aurai vu le docteur Nizard et saurai s'il l'autorise à recevoir votre visite... Oui, bien sûr, je reste ici... Je devais aller à Dunkerque mais il n'est pas question que je quitte mon père en ce moment... Voulez-vous avoir l'obligeance de prévenir Mangin que je ne peux venir ce matin comme prévu, qu'il annule notre rendez-vous avec le fabricant de monte-charge... Non, impossible de fixer un nouveau rendez-vous actuellement. J'appellerai Mangin dès que la situation sera plus claire... Merci pour tout. (*Il raccroche le combiné, le décroche et compose un autre numéro.*) Nadia ?... Où es-tu ?... Tu n'as pas cours ce matin ! Quelle chance ! J'aimerais te voir... Je suis dans un état affreux... Oui, tout s'est mal passé... Et maintenant il y a des complications... Il faut qu'on parle... Je suis à la maison... Aucun risque... Tu viens ?... Tu es un amour... À tout de suite.

Il raccroche le combiné. Madame Rougier revient.

MME ROUGIER : Mes frictions ne produisent aucune amélioration. Vous avez pu avoir le docteur ?

GEORGES : Il fait l'impossible pour être ici dans une demi-heure.

MME ROUGIER : C'est bien long. Je ne suis pas tranquille. Monsieur est tout congestionné, et terriblement prostré. Il répond à peine à mes questions.

GEORGES, *nerveux* : Qu'est-ce que vous voulez que j'y fasse ? Hein ? Je ne suis pas médecin. Attendons Nizard.

MME ROUGIER : Vous lui avez expliqué que c'était urgent ?

GEORGES, *d'un ton agressif* : Vous pensez bien que je ne lui ai pas conseillé de lambiner. Il est à l'autre bout de la ville. Il lui faut le temps matériel de venir.

MME ROUGIER : Mon Dieu, Georges, ne vous énervez pas. Si tout le monde perd la tête, ça n'ira plus du tout. Guettez le docteur, je retourne voir notre malade.

GEORGES : Vous avez raison, tâchons de garder notre sang-froid.

Mme Rougier rentre dans la chambre de M. Daubignon.
Entre Solange.

SCÈNE 4
Georges, Solange

SOLANGE : Papa est malade ?

GEORGES : Comment le sais-tu ?

SOLANGE : Il est bien connu que j'écoute aux portes. C'est souvent très utile. Je viens d'entendre ta conversation avec Mme Rougier. Mais je n'ai pas tout compris. Qu'est-ce qu'il a ?

GEORGES : On ne sait pas. Mme Rougier pense que c'est peut-être une attaque.

SOLANGE : Papa ! Une attaque ! Et tu n'es pas près de lui ! Tu te prélasses dans le salon et le laisse aux mains d'une mercenaire ! Tu es vraiment répugnant. Et je suis sûre que c'est de ta faute s'il est malade. Tu l'as bouleversé en lui apprenant ton départ. Ça lui a fait un choc terrible. Peut-être qu'il va mourir. Tu auras un crime de plus sur la conscience : tu m'as fait enfermer et tu auras assassiné ton père. (*Elle rit nerveusement.*) Joli monsieur ! Joli coco, ce monsieur !

GEORGES, *agacé* : Tais-toi, tu ne sais pas ce que tu dis. Toi-même hier soir me conseillais…

SOLANGE : Répète-le si tu l'oses !…

GEORGES : Calme-toi.

SOLANGE : …Répète-le que je ne sais pas ce que je dis ! Ha ! Ha ! (*Elle éclate d'un rire hystérique.*) Bien entendu, je suis une malade mentale, c'est bien connu. Une folle, bonne à enfermer. Tout le temps. Monsieur n'a qu'une envie c'est de se débarrasser de moi. Trop commode. La fille à l'asile, le père au tombeau. Je t'ai percé à jour. J'ai éventé tes manœuvres. J'arrive à temps, pour les déjouer. Mon pauvre père. Une attaque, voyez-vous ça, un beau matin, sans motif, comme c'est plausible… Le motif je le connais…

GEORGES : Ces criailleries sont complètement déplacées. Retourne dans ta chambre.

SOLANGE : Tu es inquiet parce que je t'ai percé à jour, petit Machiavel !

Madame Rougier apparaît dans l'encadrement de la porte menant à la chambre de M. Daubignon.

SCÈNE 5

Georges, Solange,
Mme Rougier, Nadia

MME ROUGIER : Venez vite. La jambe gauche, maintenant, est paralysée elle aussi.

GEORGES : C'est atroce.

Il se précipite dans la chambre de M. Daubignon suivi de Solange. La scène reste vide quelques instants. La porte du hall d'entrée s'ouvre. Entre Nadia, qui, ne voyant personne, n'ose pas s'asseoir ni appeler. Elle reste figée en se tortillant les doigts.

Au bout de quelques secondes la porte de M. Daubignon s'ouvre et laisse passer Solange qui traverse le salon. Tout à coup elle aperçoit Nadia.

SOLANGE : Ha ! Ha ! Les corbeaux sont attirés par la charogne ! (*Elle dévisage Nadia avec haine.*) Toute brune ! Toute brune ! Ha ! Ha !

Elle éclate d'un rire hystérique. Nadia frissonne. Solange sort par la porte de la cuisine. La porte de M. Daubignon s'ouvre et Georges paraît. Il aperçoit Nadia.

GEORGES : Enfin toi !

NADIA : Je suis venue aussi vite que j'ai pu.

GEORGES : Comment as-tu réussi à entrer dans la maison ?

NADIA : J'ai suivi la femme de ménage qui arrivait en même temps que moi.

GEORGES, *prenant Nadia dans ses bras et la serrant très fort* : Que c'est bon enfin quelque chose de net !

NADIA : Tu as l'air complètement bouleversé.

GEORGES : Nous sommes en plein mélodrame.

NADIA : Que se passe-t-il ? Quand je t'ai quitté hier après-midi, le programme était que tu annonces à ton père ton départ, après votre dîner.

GEORGES : C'est ce que j'ai fait.

NADIA : Comment a-t-il réagi ?

GEORGES : Mal, évidemment. Mais ce matin c'est pire.

NADIA : La nuit ne lui a pas porté conseil ?

GEORGES : Elle lui a apporté un redoutable allié.

NADIA : Lequel ?

GEORGES : La maladie.

NADIA : Il est malade ?

GEORGES : Oui.

NADIA : Qu'est-ce qu'il a ?

GEORGES : Il est paralysé des deux jambes…

NADIA : Comme ça, tout à coup !

GEORGES : Mme Rougier pense qu'il doit s'agir d'une attaque.

NADIA : Qui proviendrait de quoi ?

GEORGES : Voilà la question. C'est une chose qui arrive aux gens qui ont beaucoup de tension. Mais il faisait mesurer la sienne régulièrement. Elle était parfaite.

NADIA : Alors ?

GEORGES, *parlant avec difficulté* : Une brusque hausse de tension peut être provoquée par une grande contrariété.

NADIA, *vivement* : Ne me dis pas que tu penses que…

GEORGES : Si l'hypothèse de Mme Rougier est exacte, il est évident que je suis responsable de la mort de ces jambes.

NADIA : Je n'aurais jamais imaginé que l'annonce de ton départ pourrait avoir de telles conséquences.

Georges : Moi non plus. Quand j'ai pris conscience de ce qu'impliquait la théorie de Mme Rougier, j'ai senti moi aussi mes jambes mollir, mes mains devenir toutes moites. Comme si on venait m'arrêter pour tentative de crime.

Nadia : N'exagère pas.

Georges : Je t'ai dit hier que j'avais pendant de longues années rêvé d'assassiner mon père. On joue comme ça avec des mots, on pense que cela ne tire pas à conséquence, que les mots se dissolvent, s'évanouissent. Tout à coup je découvrais qu'ils peuvent germer. Devenir des actes. Subitement j'avais devant moi mes mots solidifiés, l'ébauche de mon crime sous les yeux. Cela fait une drôle d'impression, je t'assure, de se sentir un assassin.

Nadia : Il n'est pas mort. Et ce n'est pas ta faute si ton père a une attaque. C'est une chose qui arrive aux gens d'un certain âge qui ne suivent pas un régime alimentaire modéré. Ton père en suivait-il un ?

Georges : Non, et c'est vrai que parfois je trouvais qu'il mangeait et buvait un peu trop. Il commençait à prendre du ventre.

NADIA : Tu vois.

GEORGES : Mais pourquoi cette attaque a-t-elle eu lieu justement cette nuit ? Ce matin ? Et pas il y a huit jours ? Pourquoi n'a-t-elle pas attendu un mois ?

NADIA : Coïncidence, fatalité.

GEORGES : Tu dis cela pour me rasséréner. Soyons lucides. Peut-on sincèrement invoquer le hasard, alors qu'il y a une cause tout à fait plausible, valable : la déception que je lui ai fait subir hier soir ? (*Un temps.*) C'est moi qui suis responsable.(*Un temps.*) Seulement voilà, c'est paradoxal : pendant une grande partie de ma vie je n'ai désiré qu'une chose, que mon père meure, et maintenant qu'il est gravement atteint d'un mal qui peut se développer, qui peut d'un instant à l'autre le faire mourir, je n'en ai plus aucune envie. Cette mort me coûterait trop cher. Comment ai-je pu imaginer qu'on peut assassiner un homme sans remords ? On dit cela de loin. Tuer n'est pas simple. N'est pas assassin qui veut. Maintenant que mon crime est commencé, qu'il est sous mes yeux… (*Il se prend la tête dans les mains.*) Ça me ravage ! (*Un temps.*) Et le comble c'est que, en voyant cet homme, toujours si ferme, si sûr de lui, si déplaisant, brusquement abattu, effondré, larmoyant, il m'est venu de la compassion.

NADIA : Quand on voit quelqu'un souffrir c'est normal qu'on le plaigne. Ça ne veut pas dire qu'on l'absout.

GEORGES : Il m'a parlé de Solange. Il m'a supplié de veiller sur elle quand il ne serait plus. Comme s'il allait mourir dans la journée. Il m'a dit qu'il était sûr de pouvoir compter sur moi. Tu ne peux pas imaginer l'impression que ça m'a fait. Je lui avais porté un coup peut-être mortel et il ne m'en voulait pas. Me demandait mon concours posthume. Je me suis senti le dernier des misérables. J'ai eu honte de moi.

NADIA : Je t'en supplie, Georges, ressaisis-toi. Rien ne prouve que c'est une attaque qu'il vient d'avoir.

GEORGES : Je donnerais cher pour que sa maladie ait une autre origine. Mais je n'ose l'espérer.

NADIA : Tu ne penses pas, tout simplement, qu'il joue un peu la comédie ? Pour te faire craquer ?

GEORGES : C'est un habile comédien. Il a le don de plaider le vrai et le faux, de tout embrouiller. Je l'ai vu dix fois contrefaire les sentiments les plus opposés. Rien ne l'arrête quand il veut conquérir. Mais cette fois, je pense qu'il ne triche pas, qu'il est vraiment atteint. Et ça me torture.

NADIA : Tu estimes qu'il est réellement, profondément, malade ?

GEORGES : Oui. Deux jambes paralysées. Ça ne peut pas se simuler.

NADIA : Qui sait ?

GEORGES : Ne me donne pas de l'espoir. La retombée serait tellement dure si ton hypothèse se révélait erronée.

NADIA : Attends ce que va dire votre médecin.

GEORGES : Ce serait la sagesse, mais on ne peut pas empêcher l'imagination de galoper, quand on a un peu de sensibilité. (*Un temps.*) Ce qui jusqu'à ce matin, faisait la force de papa, c'est qu'il n'en avait aucune. C'était un roc. Il avançait dans la vie comme un bulldozer. Ne s'attardait pas à essayer de comprendre ou d'imaginer les autres. Les autres n'étaient que des pions à manœuvrer dans le sens de ses projets. Ce qui est affreux, vois-tu, c'est que j'ai détesté pendant des années un homme fort, rude, tout d'une pièce, et que je me venge aujourd'hui sur un pauvre homme, accablé, malade, qui se révèle avoir de la sensibilité, comme tout le monde. Eh bien, ce n'est pas juste. Les gens qu'on déteste devraient toujours rester détestables. J'ai haï un homme, j'en frappe un autre. Je suis privé de la saveur de la vengeance, qui m'est devenue odieuse !

NADIA : Les hommes ne sont pas des statues, immuables.

GEORGES : Je le déplore. Je trouve abominable que les gens aient le droit de changer de personnalité, qu'il n'y ait pas de permanence en eux. Aimer ou détester devient alors un jeu trop difficile. Et dangereux. Dieu même, s'il existe, y perdra son latin au Jugement dernier. Si dans chaque homme qui meurt il y a plein d'hommes différents, lequel sera jugé, condamné, pardonné ? Je ne peux pas croire au Ciel parce que je ne peux pas croire à l'homme. Nous sommes d'invraisemblables marionnettes. Quel guignol la vie !

NADIA : L'évolution peut avoir du bon. Ce matin tu as découvert la compassion. Peut-être vas-tu découvrir l'affection.

GEORGES : Moi, de l'affection pour mon père !

NADIA : L'inquiétude qu'on a pour la santé de quelqu'un peut en être le début.

GEORGES : C'est vrai que je suis très inquiet. (*Un temps.*) Pendant que nous discutons, que nous divaguons, qui sait si la maladie, chaque instant, ne continue pas son travail de sape, ne menace pas d'envahir peu à peu tout l'organisme de ce père que, selon toi, je pourrais aimer… Qu'un mot de moi pourrait sauver.

NADIA : Dis-le ce mot, Georges. Dis-le et ne souffre plus. Oublie que j'existe que nous nous aimons. Sois simplement humain.

GEORGES : Je ne peux pas. Si je reste et que tu pars, c'est la fin de notre amour… Ou alors ne pars pas, reste à Lille, près de moi, pour m'épauler.

NADIA : J'ai donné ma démission à l'Université et donné mon accord écrit à la Silicon Valley. Il m'est impossible de revenir en arrière. D'ailleurs…

GEORGES : D'ailleurs ?

NADIA : En France, dans l'informatique, tu le sais, nous n'avons qu'un avenir médiocre. Là-bas il peut être passionnant, magnifique. Je suis sans doute très égoïste, mais on ne vit qu'une fois. Je ne veux pas gâcher mon existence. Qui est désormais au bord du Pacifique. (*Un temps.*) Je partirai, comme prévu, à la fin du mois. (*Un temps.*) Nous pourrons toujours rester bons amis. Correspondre. Nous voir chaque année, pendant nos vacances.

GEORGES : L'amour transatlantique, au compte-gouttes, je n'y crois pas. Cela durera quelques mois et puis nous nous perdrons de vue. (*Un temps.*) Je voulais vivre et travailler avec toi jusqu'à la fin de nos jours.

NADIA : Tu vois, tu parles déjà au passé. Reste.

GEORGES : Ne m'aide pas à t'abandonner !

NADIA : Si tu crois qu'un mot de toi peut sauver ton père, dis-le, avant qu'il ne soit trop tard.

GEORGES, *se frappant la poitrine* : Ah ! quel tumulte là !

NADIA : Quelle que soit la décision que tu prennes, ce tumulte est pour moi un merveilleux cadeau. Je sais maintenant combien tu m'aimes. Je peux te perdre heureuse.

GEORGES : Je te perdrais désespéré.

NADIA : Gardons espoir.

GEORGES : Si je m'engage à rester, il n'y a plus d'espoir possible. Les promesses sont des cadenas.

NADIA : Toutes les serrures peuvent sauter un jour ou l'autre.

GEORGES : Pas celles qu'on ferme soi-même.

NADIA : Terrible race des Daubignon.

GEORGES : Intransigeants.

NADIA : Terriblement protestants.

GEORGES : C'est une lâcheté, je le sais, que de ne pas consentir à être malhonnête quelquefois. Mais il y a des moments où l'on ne peut pas lutter contre trois cent cinquante ans d'éducation morale, même si on la considère comme caduque. Le protestant ne nage à son aise que dans la rigueur. Au besoin il s'en invente de nouveaux critères. J'ai bu cette tournure d'esprit avec mon premier lait.

NADIA : Alors n'hésite plus.

GEORGES : J'hésite énormément.

NADIA : Attendons le verdict du médecin.

La porte de M. Daubignon s'ouvre et Mme Rougier paraît dans l'entrebâillement.

SCÈNE 6

Georges, Nadia, Mme Rougier

MME ROUGIER : Encore une crise ! Il faut absolument un médecin. Si vous ne pouvez pas avoir le docteur Nizard, appelez le Samu ou les pompiers.

GEORGES, *se précipitant vers la chambre de M. Daubignon, à Nadia* : Appelle la clinique Blondel. Le numéro est sur le bloc-notes à côté du téléphone. Demande si Nizard est toujours chez eux.

Il s'engouffre dans la chambre de M. Daubignon à la suite de Mme Rougier. Nadia s'approche en hâte du téléphone, décroche le combiné, compose le numéro de la clinique qu'elle lit en se penchant sur le bloc-notes.

NADIA : Clinique Blondel ?... Est-ce que le docteur Nizard est toujours chez vous ?... Il y a longtemps qu'il est parti ?... Merci, ma sœur.

Elle raccroche le combiné. Georges revient, la mine défaite.

SCÈNE 7
Nadia, Georges

NADIA : Il est en route. Il sera ici dans cinq minutes. Alors ?

GEORGES : Papa ne peut plus parler.

NADIA : Quelle horreur ! Tu crois qu'il a encore sa conscience ?

GEORGES : Absolument. Il ne vit plus que par les yeux, mais ces yeux... C'est terrible ce que peuvent dire des yeux tout à coup.

NADIA : N'attends plus, Georges, c'est à toi de parler.

GEORGES : Dire qu'en ce moment nous avons la liberté de réussir ou de briser notre vie !

NADIA : Nous ne l'avons plus. Les événements ont déjà choisi pour nous. Va, ne perds pas de temps. Sauve ce regard s'il peut encore être sauvé.

GEORGES, *serrant passionnément Nadia contre lui* : Vaincu. Je suis vaincu par la pitié. Mon amour, je n'étais pas digne de toi. Je suis un faible.

NADIA : Il y a parfois de la grandeur à être faible. Jamais je n'ai tant aimé qu'en ce moment où tu m'abandonnes. (*Elle dénoue l'étreinte de Georges qu'elle éloigne doucement.*) Va.

GEORGES, *s'écartant* : Adieu. (*Il s'approche de la porte de M. Daubignon. L'ouvre. Regarde fixement au fond de la chambre.*) Papa. Tu m'entends ? C'est moi, Georges. Ouvre les yeux. Regarde-moi. Il faut que je voie si tu me vois. Je suis à la porte du salon… Très bien… Je sais maintenant que tu me comprends. Écoute-moi. Ce que je t'ai dit hier soir n'a plus aucune valeur. J'annule tout. Je renonce à mes projets. Je m'occuperai de toi. Je m'occuperai de Solange. Je m'occuperai de la Maison Daubignon. Tout rentre dans l'ordre. Ne t'inquiète plus. Ne souffre plus. Détends-toi. Tu peux guérir. Tu peux vivre. Longtemps. Je reste.

Georges s'affaisse épuisé contre le chambranle de la porte. Nadia pleure silencieusement tandis que

Le RIDEAU *tombe*

ACTE IV

Le même jour à 18 heures

Au lever du rideau, la scène est vide. On entend dans la rue un bruit de véhicule qui démarre. Le bruit s'éloigne. Georges, vêtu d'un pardessus tenant plusieurs documents, entre par la porte de l'antichambre, Mme Rougier surgit de la chambre de M. Daubignon.

SCÈNE 1

Georges, Mme Rougier

MME ROUGIER : Enfin ! J'ai cru qu'ils ne partiraient jamais !

GEORGES, *posant les documents sur une table* : Il y avait beaucoup de papiers à remplir. Comment va-t-il ?

MME ROUGIER : Il a les yeux fermés. Il somnole. Il semble exténué.

GEORGES : Il y a de quoi, quelle journée ! Moi-même je suis crevé. Tout a été tellement vite après l'arrivée de Nizard. La convocation du Samu, la ruée à la clinique Blondel, les prises de sang toutes les demi-heures, les radios, dopplers, scanners, électrocardiogrammes. Ça n'a pas arrêté. Un vrai tourbillon ! Et maintenant ce retour en ambulance à la tombée de la nuit.

MME ROUGIER : Pourquoi nous l'a-t-on renvoyé ? Il est perdu ? On ne veut pas qu'il meure à l'hôpital ?

GEORGES : Jusqu'à présent, les médecins n'ont rien trouvé. Comme la clinique est à court de lits et que, pour le moment, aucun traitement n'a été prescrit, les médecins ont pensé qu'il serait beaucoup mieux chez lui en attendant les résultats des analyses complémentaires qu'ils ont effectuées en désespoir de cause. Ça peut demander quelques jours. Si ça se révèle nécessaire, il reviendra à la clinique à ce moment-là.

MME ROUGIER : Ils n'ont rien trouvé ! Ils ne sont pas forts ! C'est pourtant facile de voir qu'il a eu une attaque.

GEORGES : Sa tension est normale, plutôt basse. Le scanner n'a révélé aucune hémorragie, aucune anomalie, dans le cerveau. Ce n'est pas une attaque.

MME ROUGIER : J'ai eu un oncle qui avait la maladie de Parkinson, et qui a fini tout paralysé.

GEORGES : Dans ce genre de maladie, la paralysie ne vient pas d'un seul coup.

MME ROUGIER : Et si c'était la vache folle !

GEORGES : Avec la quantité d'analyses et de tests qu'ils ont faits depuis ce matin, je pense qu'ils ont en main de quoi examiner les hypothèses les plus simples. Dont celle-là.

MME ROUGIER : S'ils ne trouvent rien, ou s'ils trouvent une maladie qu'on ne sait pas soigner, Monsieur Daubignon restera paralysé toute sa vie ?

GEORGES : Ne dites pas des choses épouvantables. Espérons.

MME ROUGIER : S'il doit vivre paralysé, pendant des années et des années, il vaudrait mieux qu'il meure tout de suite.

GEORGES : Je suis de votre avis. Si j'étais dans cet état, j'aimerais qu'on m'achève sans tarder. Mais l'euthanasie, on en parle souvent, peu de gens osent la commettre. Il faut vraiment aimer beaucoup le malade pour risquer de se retrouver en cour d'assises. Ne comptez pas sur moi, Madame Rougier, pour aider mon père à passer dans l'autre monde.

On entend un violent coup de sonnette.

MME ROUGIER : Il s'est réveillé.

Nouveau violent coup de sonnette.

GEORGES : Heureusement, il n'a pas perdu l'usage de ses mains : il peut nous appeler.

MME ROUGIER, *se dirigeant vers la chambre de M. Daubignon* : Oui, heureusement. (*Nouveau coup de sonnette.*) Mais ça promet !

GEORGES : J'ai l'impression, Madame Rougier, que désormais nous entendrons beaucoup cette sonnette.

Madame Rougier pénètre dans la chambre de M. Daubignon.
Entre Solange.

SCÈNE 2
Georges, Solange

SOLANGE : On a ramené papa ?

GEORGES : Oui. On a fait tous les examens possibles. Il faut maintenant attendre les résultats.

SOLANGE : C'est très bien. Comme ça je pourrai m'occuper de lui.

GEORGES : Étant donné son impotence, il va falloir prendre une infirmière.

SOLANGE : Il n'a aucun besoin d'infirmière. Je m'occuperai de tout.

GEORGES : Tu ne saurais pas.

SOLANGE : Bien entendu que si.

GEORGES : Ce serait un travail écrasant, du matin au soir.

SOLANGE : Je ne suis pas comme toi, égoïste, ne pensant qu'au plaisir. Je saurai me sacrifier à mon père.

GEORGES : Il est tout à fait inutile que tu te sacrifies. Personne ne te le demande.

SOLANGE : Ce n'est pas moi qui achèverai mon père en le confiant à des mains subalternes.

GEORGES : Tu te rends compte de ce que serait ton existence ? Tu ne pourrais jamais t'éloigner de cent mètres, t'absenter plus d'une demi-heure !

SOLANGE : Oui, mais lui non plus ne pourra jamais me quitter. Ne pourra plus rien faire sans moi. Ce sera un peu comme si nous étions mariés. Il me confiera tout, je saurai tout de lui. Ce sera peut-être un peu dur au début, mais il m'appartiendra.

GEORGES : Étrange programme.

SOLANGE : N'est-ce pas délicieux de posséder un être entièrement ? Quelqu'un qui ne peut rien sans vous, qui vous doit tout. Comme un enfant. Un gros bébé aux joues roses. Je serai comme sa mère, sa nourrice... (*Elle a un sourire extatique. Un temps.*) Il n'est pas question de prendre une infirmière.

GEORGES : Tes rêveries sont charmantes. La réalité est plus rude. Je pense que tu ne te rends pas compte du travail que ça donne, un infirme. Il faudra toutes les heures l'aider à faire ses besoins, le nettoyer constamment. Ça n'a rien de ragoûtant.

SOLANGE : Je ferai tout cela très bien.

GEORGES : Ce ne serait pas convenable. Pour une jeune fille.

SOLANGE : Si tu crois que je ne sais pas comment un homme est fait ! Un gros sexe, d'énormes testicules. Tout ce qu'il y a de plus banal.

GEORGES : D'où tires-tu toute cette science ?

SOLANGE : Il y a plein de films pornos tard le soir à la télévision, et des informations très instructives sur Internet.

GEORGES : Je ne pensais pas que tu te repaissais de ces cochonneries.

SOLANGE : Ce ne sont pas des cochonneries, ce sont des informations très utiles. Ne t'en fais pas. Je saurais parfaitement bien m'occuper de papa. Le laver, le raser, lui faire faire ses besoins et (*prenant un air gourmand*) quand il sera tout dur, faire gicler son sperme.

GEORGES, *l'air horrifié* : Holà !

SOLANGE, *l'air extatique* : Je serai pour lui la meilleure des infirmières. Il n'est pas question d'en prendre une. Et je vais commencer tout de suite mon travail.

Elle entre dans la chambre de M. Daubignon dont sort aussitôt Madame Rougier.

SCÈNE 3
Georges, Mme Rougier

MME ROUGIER : Il a soif. Est-ce que je peux lui donner à boire ?

GEORGES : De l'eau minérale, tant qu'il en voudra.

MME ROUGIER : Bon, je vais en chercher de la fraîche.

Elle sort par la porte menant à la cuisine et revient peu après avec une bouteille en plastique. La sonnette de la porte d'entrée de l'immeuble retentit.

GEORGES : On sonne à la porte d'entrée.

MME ROUGIER : Ce doit être Monsieur Garnier. Vous m'avez dit ce matin lui avoir demandé de passer dans l'après-midi.

GEORGES : Oui, mais à la clinique, devant la tournure des événements, je l'ai décommandé.

MME ROUGIER : Je vais voir ce que c'est.

Elle pose la bouteille d'eau minérale et va dans l'entrée. On entend un petit brouhaha. Le docteur Nizard entre suivi de Mme Rougier.

SCÈNE 4

Georges, Mme Rougier,
Le docteur Nizard

LE DOCTEUR NIZARD : Je viens voir comment va notre malade.

GEORGES : C'est très aimable à vous, Docteur. (*Un temps.*) Il a dormi un grand moment après son retour. Maintenant il est éveillé et a fait signe qu'il voudrait boire. (*Il montre la bouteille que reprend Mme Rougier.*) Après notre départ de la clinique vous avez pu parler avec vos confrères ? Sincèrement, que pensent-ils de son cas ?

LE DOCTEUR NIZARD : Les avis sont partagés.

GEORGES : Est-ce que le pire est à redouter ?

LE DOCTEUR NIZARD : Impossible de le dire puisqu'on ne connaît pas la nature de la maladie. Mais la paralysie, depuis ce matin, n'a pas augmenté. On peut espérer qu'on est arrivé à une certaine stabilité. Et, comme ton père, par ailleurs, a une santé de fer, je fais le pari qu'il vivra encore trente ans.

GEORGES : Trente ans, vous croyez ?

LE DOCTEUR NIZARD : Mes confrères et moi allons faire tout notre possible pour tenter de le maintenir en vie.

GEORGES : Vous pensez réussir ?

LE DOCTEUR NIZARD : Ce sera pour nous un grand bonheur de pouvoir conserver un père à ses enfants.

GEORGES : Dans quel état !

LE DOCTEUR NIZARD : Nous allons tâcher de l'améliorer. Un peu. Nous y parviendrons, j'en suis sûr. La médecine fait maintenant des miracles.

GEORGES : J'ai peur, s'il a encore sa lucidité, que ce ne soit pour lui un grand calvaire de se voir tellement diminué.

LE DOCTEUR NIZARD : Être en vie, un calvaire !

GEORGES : Déchu, oui.

LE DOCTEUR NIZARD : Tu es trop exigeant. Respirer c'est déjà magnifique.

GEORGES, *ironique* : Quelle splendeur !

LE DOCTEUR NIZARD, *qui ne comprend pas l'ironie* : Tu es d'accord. (*Un temps.*) Ne faisons pas attendre notre malade. Allons voir comment il se comporte. (*Montrant une porte* :) Sa chambre est par là ?

GEORGES, *montrant la bonne porte* : Non, par là.

MME ROUGIER : Je vais vous conduire.

Elle entraîne le docteur Nizard vers la porte de M. Daubignon. Georges les suit. La sonnette de la porte d'entrée retentit. Mme Rougier et le docteur Nizard entrent chez Monsieur Daubignon. Georges revient dans le salon, le traverse et pénètre dans l'antichambre. On entend un bruit de porte ouverte puis refermée et Georges dire : « Tu es gentille d'être venue. » *Nadia, suivie de Georges, entre dans le salon.*

SCÈNE 5
Georges, Nadia

NADIA : Je voulais me rendre compte comment tu vas après cette terrible journée.

GEORGES : Mal. (*Nadia passe maternellement sa main droite dans les cheveux de Georges qui l'écarte vivement.*) Ne fais pas ça... (*Voix rauque*)... ou je vais pleurer.

NADIA, *très émue* : Ne te laisse pas abattre.

GEORGES : C'est fait. Je suis complètement abattu.

NADIA : Ne désespère pas. Rien n'est peut-être perdu pour nous. Si ton père meurt, ta promesse...

GEORGES : Ne sera pas effacée.

NADIA : Tu as promis à un vivant, pas à un mort.

GEORGES : C'est la même chose.

NADIA : Pas du tout. S'il meurt, ta promesse meurt avec lui. Et rien ne t'empêchera de venir avec moi en Californie. (*Un temps.*) Dis-moi que s'il meurt tu viendras.

GEORGES : Cette discussion est tout à fait surréaliste : il n'est pas du tout en danger de mort.

NADIA : Il va guérir ?

GEORGES : On ne sait pas encore. D'après ce que j'ai compris, c'est loin d'être probable. Mais il peut vivre, comme ça, paralysé, pendant des années. Le docteur Nizard m'a annoncé joyeusement trente ans. (*Un temps.*) J'ai promis de rester. Quoi qu'il arrive je suis enfermé dans cette promesse. Elle me tient. Elle me garrotte. Elle ne me lâchera pas comme ça.

NADIA : Alors il n'y a plus aucun espoir pour nous ?

GEORGES : Aucun.

NADIA : Comme la vie va être terne maintenant, sans toi !

GEORGES : La vie sera lugubre, sans toi. Il me semble que toute ma possibilité de joie s'est envolée. À tout jamais. Mon existence désormais sera gouvernée par deux malades. Deux spectres. L'un qui rôde, l'autre immobile et glacé.

NADIA : Ton père n'a vraiment aucune chance de se remettre ?

GEORGES : Le docteur Nizard ne semble pas le croire. Il parle, au mieux, d'améliorations. Légères.

NADIA : Quand un malade désire fortement guérir, cela provoque parfois des rétablissements surprenants. Ton père a toujours été un battant et, s'il est vraiment lucide, il va lutter pour retrouver la santé.

GEORGES : Je ne suis pas certain qu'il le désire.

NADIA : Tu dis n'importe quoi.

GEORGES : C'est une impression que j'ai ressentie. Fortement. À son retour de la clinique. Et je vais te dire une chose qui va te faire bondir : je pense que s'il avait, ce soir, demain, la possibilité d'ôter sa maladie, comme on ôte un pardessus gênant, il ne le ferait pas.

NADIA : Ce serait du masochisme.

GEORGES : Il a trouvé pour régner sur moi un moyen beaucoup plus puissant que les impératifs ou les supplications : la pitié. C'est ce qu'a fait Dieu lorsque, lassé de ne pouvoir se faire aimer des hommes par la force, il a eu l'idée d'inventer la crucifixion. La pitié a toujours payé. On a bâti des cathédrales. Monsieur Daubignon, lui, tient son fils.

NADIA : Tu ne me feras pas croire que ton père fait exprès d'être malade !

GEORGES : On peut se le demander. Il a toujours été tellement roublard. Il était au bord de me perdre, me voici ligoté. Il va pouvoir régner sans contraintes sur un ilote qui mettra tout son empressement à se laisser martyriser. Quelles délices !

NADIA : Tu ne penses pas ce que tu dis !

GEORGES : Pas vraiment. C'est une simple hypothèse. Mais il me semble que, depuis ce matin, il n'a pas fait de grands efforts pour tenter d'aller mieux, et je ne suis pas sûr que dans les jours à venir il cherche fortement à guérir. Son impossibilité de locution le sert. Il peut en jouer habilement. Actuellement il ne parle plus que par ses yeux. Toute sa vie intelligente est concentrée dans ces deux billes luisantes. Mais ce que j'y lis, ce n'est pas de la souffrance, c'est une lueur de triomphe. Ces yeux me narguent, se moquent de moi, me défient. Quand un homme ne vit plus que par ses yeux, son regard ne trompe pas.

NADIA : Pourquoi essaies-tu d'amoindrir ton sacrifice, notre sacrifice, par du sordide et de l'atroce ? Si ce que tu dis est vrai…

GEORGES : Le saura-t-on jamais ? Mais le soupçon, nous pouvons l'avoir. Et maintenant qu'il est en nous, il est pire que la vérité. Il va ronger, ronger, saper, continuellement.

NADIA : Si ton père joue la comédie, il ne pourra pas tenir le coup bien longtemps. Il aura rapidement envie de parler, d'agir. Il va attendre que le délai pour donner ta réponse à la Silicon Valley soit passé, que tu n'aies plus aucune chance d'aller en Californie, et il retrouvera la santé, comme par enchantement, avant quinze jours.

GEORGES : Ne dis pas une chose pareille ! Cette maladie me fait perdre l'avenir dont je rêvais. Ce serait abominable que ce soit une maladie simulée, imaginaire, uniquement destinée à me duper. Finalement j'espère que c'est une vraie grande maladie dont il ne se remettra pas. (*Un temps.*) Mais j'aimerais en être sûr. (*Le téléphone sonne. Georges s'approche de l'appareil, décroche le combiné.*) Oui, il est ici… Un instant… Je vais le chercher. (*Il pose le combiné sur la table et se dirige vers la chambre de M. Daubignon dont il ouvre la porte* :) Docteur, on vous demande au téléphone.

Le docteur Nizard, suivi de Mme Rougier sort de la chambre de M. Daubignon, se dirige vers le téléphone que lui montre Georges, met le combiné à son oreille. Mme Rougier traverse le salon et sort en direction de la cuisine.

SCÈNE 6
Georges, Nadia,
Le docteur Nizard

LE DOCTEUR NIZARD : Bonsoir Lauleigne. Vous avez le résultat de l'analyse que j'avais demandée ?… Merci d'avoir appelé immédiatement… Vous pouvez me lire le compte-rendu ? (*Grand silence pendant lequel le docteur Nizard écoute la lecture du compte-rendu.*) Vous êtes bien certain du chiffre ?… Bon. Merci, Lauleigne. À demain… Bonsoir.

Le docteur Nizard raccroche le combiné et revient près de Georges et de Nadia. Salue Nadia d'une légère inclination de tête que lui rend Nadia.

GEORGES : Vous avez appris quelque chose d'intéressant ?

LE DOCTEUR NIZARD : Oui. (*Un temps.*) Viens me voir demain matin à la clinique, je t'expliquerai.

GEORGES : J'aimerais bien savoir tout de suite. Parlez.

LE DOCTEUR NIZARD, *gêné, regardant Nadia* : Je préférerais t'expliquer ce que je pense en tête à tête.

GEORGES : Parlez sans crainte. Nadia est mon amie. Intime.

LE DOCTEUR NIZARD : Dans ce cas…

GEORGES : Que disent les analyses ?

LE DOCTEUR NIZARD : Oh ! rien de bien précis, rien de très catégorique. Mais c'est quand même peut-être un indice.

GEORGES : Lequel ?

LE DOCTEUR NIZARD : Celui d'une très ancienne maladie, mal soignée à l'époque où elle a été contractée, dont les conséquences néfastes commenceraient à se manifester.

GEORGES : Quelle maladie ?

LE DOCTEUR NIZARD : La syphilis.

GEORGES : La syphilis ! Ce n'est pas possible ! Avec les antibiotiques, il y a un demi-siècle que ça se guérit sans problème.

LE DOCTEUR NIZARD : Ne crois pas ça. Ça se guérit facilement si c'est pris à temps, dès l'apparition du premier symptôme. Mais si on ne l'aperçoit pas, ou si on n'y attache pas d'importance, parce que ce n'est pas douloureux, et qu'on ne commence à se soigner qu'au stade secondaire, c'est-à-dire quatre ou cinq mois après la contamination, la guérison est beaucoup plus longue et difficile. Si on ne commence le traitement qu'au stade tertiaire, la guérison est tout à fait incertaine, et risque fort de ne pas être totale. La maladie est jugulée pour quelques mois, quelques années, mais elle travaille dans l'ombre et un jour ou l'autre ses ravages peuvent se manifester.

GEORGES : Et produire des paralysies ?

LE DOCTEUR NIZARD : Paralysies, démences. C'est une maladie qui attaque les centres nerveux.

GEORGES : Pourquoi cette hypothèse épouvantable vous est-elle venue ?

LE DOCTEUR NIZARD : Quand ton père est arrivé à la clinique, à 13 heures, on a fait immédiatement une prise de sang et mis en route toutes sortes d'analyses, dont, par routine, celles de l'hépatite virale, du sida et de la syphilis. Les deux premières ont été franchement négatives, la dernière curieusement indécise. C'est alors que je me suis souvenu qu'il y a deux ou trois ans, dans une conversation tout à fait informelle, ton père avait fait allusion à une maladie vénérienne attrapée en Algérie, quand il était dans l'armée. À l'époque j'avais pensé qu'il s'agissait d'une banale blennorragie. Mais en y pensant, ça m'a mis la puce à l'oreille. J'ai demandé qu'on fasse une analyse quantitative.

GEORGES : C'est-à-dire ?

LE DOCTEUR NIZARD : Au lieu de répondre par oui, non, peut-être, comme le test rapide habituel, l'analyse quantitative s'exprime par un chiffre précis sur une échelle de zéro à cent. Si on a la maladie, selon son intensité la réponse se situe entre 65 et 100. Si l'analyse donne un chiffre en dessous de 40, ce n'est pas signe de maladie mais l'indication qu'un ancêtre plus ou moins lointain l'a eue.

GEORGES : Quel chiffre a produit l'analyse de papa ?

LE DOCTEUR NIZARD : On vient de me le téléphoner : 55.

GEORGES : Ce qui veut dire ?

LE DOCTEUR NIZARD : Difficile de répondre. Cela peut indiquer : maladie d'un ancêtre très proche, son propre père par exemple, ou maladie personnelle mal guérie.

GEORGES : Impossible d'avoir une certitude ?

LE DOCTEUR NIZARD : Il faut se contenter de soupçons. Mais vu l'allusion qu'avait faite ton père, je pense que c'est lui qui est désigné par ce test. Et ce qui me conforte dans cette hypothèse c'est…

GEORGES : C'est quoi ?

LE DOCTEUR NIZARD : L'état de ta sœur.

GEORGES : Vous voulez dire que sa démence…

LE DOCTEUR NIZARD : …pourrait bien avoir pour cause les effets secondaires de cette maladie. Engendrer quand on a la syphilis comporte de gros risques pour la descendance.

GEORGES : Alors moi aussi je serais complètement pourri !

LE DOCTEUR NIZARD : Tu te portes comme un charme et je pense que tu es tiré d'affaire.

GEORGES : Une vraie chance !

LE DOCTEUR NIZARD : Pour le moment.

GEORGES : Merci…Vous êtes encourageant !

LE DOCTEUR NIZARD : On ne peut pas garantir l'avenir, mais, si j'en juge par le présent, tout devrait aller bien pour toi. Il ne faut pas t'inquiéter.

GEORGES : C'est ça, je vais cultiver l'insouciance. (*Un temps. Songeur* :) Pour revenir à papa, si votre hypothèse est bonne, la paralysie qui s'est manifestée aujourd'hui est la suite logique de son mal ancien. Elle ne peut pas être due à un traumatisme actuel, physique ou psychique…

LE DOCTEUR NIZARD : Non.

GEORGES : Cette paralysie aurait pu aussi bien se produire il y a six mois ou dans deux ans ?

LE DOCTEUR NIZARD : Absolument. Ou ne pas se produire du tout. (*Regardant sa montre.*) J'ai encore une malade à voir. Je vous laisse. Vous pouvez proposer un repas léger à M. Daubignon. Évitez-lui toute agitation, toute émotion. Maintenez-le au calme. Si nécessaire avec des tisanes. Surtout ne lui donnez pas de somnifère, ça pourrait aggraver son état. Je reviendrai demain matin voir comment il a passé la nuit.

Il serre la main de Georges, incapable de prononcer une parole, fait un salut de la tête à Nadia et sort.

SCÈNE 7

Georges, Nadia, puis Mme Rougier et Solange

GEORGES : Tu as entendu ce qu'il a dit ?

NADIA : Oui.

GEORGES : Et tu ne fais pas des bonds jusqu'au plafond ! Et tu ne te roules pas par terre de rage, d'impuissance ! Tu ne te rends pas compte que j'ai renoncé à toi, à notre amour, à une vie exaltante de recherches informatiques, en Californie, que j'ai dit : je reste, sur un quiproquo ! Ah ! les scrupules que j'ai eus, ces remords qui me broyaient, c'était pour rien, ça ne correspondait à rien. Je m'étais inventé une tragédie : j'imaginais qu'il souffrait à cause de ma décision de le quitter. Je me sentais criminel, odieux, abominable, responsable de chaque particule de muscle qui en lui avait cessé de fonctionner. Et c'était la vérole !

NADIA : N'abîme pas notre sacrifice. Nous ne le savions pas.

GEORGES : C'était la vérole. C'est ridicule.

NADIA : Ne vaut-il pas mieux être ridicule que coupable ?

GEORGES : Qu'est-ce que cela fait que je ne sois pas coupable puisque je suis prisonnier ?

NADIA : Te voilà libre. Tu peux partir.

GEORGES : Tu sais bien que je ne peux pas ; j'ai promis de rester.

NADIA : Une promesse arrachée à l'ignorance.

GEORGES : Ma raison s'accommoderait peut-être de cette casuistique, pas ma conscience. D'ailleurs le docteur Nizard l'a dit : il faut éviter toute émotion excessive en ce moment. Si je lui annonçais que je pars, dans l'état où il est, cela pourrait produire en lui un choc fatal. Ce serait redevenir ce coupable que je ne suis plus.

NADIA : Tu vois bien que tu n'es pas ridicule puisque tu as encore le pouvoir de faire du mal.

GEORGES : Je n'ai aucun pouvoir parce que je sais très bien que je ne l'utiliserai jamais. (*Un temps.*) Il va falloir maintenant regarder en face l'avenir étriqué que je me suis construit, m'en accommoder et le vivre.

NADIA : Ne parlons pas de l'avenir ce soir.

GEORGES : Quand je pense que sur les 16 400 jours que mon père a vécus depuis son service militaire en Algérie, il a fallu que sa maladie en veilleuse choisisse pour rebondir la nuit où je venais de donner ma démission, proposant ainsi à l'esprit une coïncidence corrosive… Ah ! non, Nadia, je t'assure… (*Il est pris de secousses nerveuses qui se transforment lentement en rire*) je t'assure… (*Il rit de plus en plus nerveusement en mordillant son mouchoir.*) C'est risible… C'est trop risible… (*Il fait des entrechats, des bonds, esquisse des mouvements de danse saccadés.*) La vérole ! Ha ! Ha ! C'est trop drôle !… (*Il hurle* :) La vérole ! La vérole…

NADIA : Ne crie pas si fort, ton père va t'entendre…

GEORGES, *poursuivant sa sarabande désordonnée à travers le salon* : Qu'il entende, qu'il entende ! C'est lui qui l'a crochée, cette vérole, ce n'est pas moi. Et il m'a fabriqué en sachant qu'il était plombé ! Il a pris le risque abominable de me refiler les séquelles de cette saloperie ! À cause de lui je suis fondamentalement taré ! Un jour ou l'autre mon organisme peut craquer à cause de ce magnifique cadeau congénital ! C'est dégueulasse ! Mon père est un dégueulasse !

NADIA : Tais-toi ! Ce n'est pas du tout certain que ce soit ce que tu dis. Ce n'est qu'une hypothèse. D'un petit médecin de quartier. Qui n'a pas l'air d'une lumière. Si ça se trouve cette paralysie, comme nous le disions tout à l'heure, n'est qu'une comédie, pour te faire céder.

GEORGES : Tu parles ! N'essaie pas de m'apaiser par des suggestions désormais hautement improbables.

NADIA : Tout aussi probables que les suppositions du docteur Nizard.

GEORGES, *continuant à danser* : Comédie ! Vérole ! de toute façon j'ai été dupé, berné, pigeonné, floué…

NADIA : Cesse de faire ce vacarme ! Tu vas alerter toute la maison !

GEORGES : Je m'en fous.

NADIA : Conserve ta dignité.

GEORGES : Je suis au-delà. (*Tout en continuant sa danse sauvage, il chante avec une voix de stentor*) :

Comédie
Vérolé
Comédé
Véroli
Supercon
Pigeonné
Floué floué
Taré

Les portes de la cuisine et de M. Daubignon s'ouvrent. Dans leurs entrebâillements paraissent Madame Rougier et Solange. Les deux femmes semblent stupéfaites du spectacle que donne Georges qui continue à se trémousser tragiquement comme un pantin désarticulé et à chanter de façon tonitruante :

Véroli
Pigeonneau
Supercherie
Dupé
Taré tarot
Floué
Comédie comédon
Pourri pourri pourri

MME ROUGIER, *inquiète* : Georges, qu'est-ce qu'il y a, que vous arrive-t-il ?

SOLANGE, *l'air hilare* : On dirait un ivrogne qui va vomir ! Il est complètement fou !

GEORGES, *s'immobilisant face au public dans une posture disloquée, les bras en croix contorsionnés, avec un rictus sardonique* : C'est de famille.

Tous restent figés dans leur attitude pendant que

Le RIDEAU *tombe*

TABLE

CET OUVRAGE
A ÉTÉ TRANSCODÉ
ET ACHEVÉ D'IMPRIMER
PAR L'IMPRIMERIE FLOCH
À MAYENNE EN NOVEMBRE 2004

N° d'impr. 60249. D.L. novembre 2004
ISBN 2-903911-80-0
(Imprimé en France)